权威·前沿·原创

皮书系列为
"十二五""十三五"国家重点图书出版规划项目

非公有制企业社会责任蓝皮书

BLUE BOOK OF
NON-PUBLIC CORPORATE SOCIAL RESPONSIBILITY

北京非公有制企业社会责任报告
（2017）

ANNUAL REPORT ON SOCIAL RESPONSIBILITY OF NON-PUBLIC
CORPORATE IN BEIJING (2017)

主　　编／宋贵伦　冯　培
常务副主编／戚聿东
副　主　编／柳学信　关　鑫　岳金柱

社会科学文献出版社
SOCIAL SCIENCES ACADEMIC PRESS（CHINA）

图书在版编目（CIP）数据

北京非公有制企业社会责任报告.2017／宋贵伦，
冯培主编. －－北京：社会科学文献出版社，2017.6
　　（非公有制企业社会责任蓝皮书）
　　ISBN 978 - 7 - 5201 - 0782 - 2

　　Ⅰ. ①北…　Ⅱ. ①宋…②冯…　Ⅲ. ①私营企业 - 企
业责任 - 社会责任 - 研究报告 - 北京 - 2017　Ⅳ.
①F279.271

　　中国版本图书馆 CIP 数据核字（2017）第 096460 号

非公有制企业社会责任蓝皮书

北京非公有制企业社会责任报告（2017）

主　　　编／宋贵伦　冯　培
常务副主编／戚聿东
副 主 编／柳学信　关　鑫　岳金柱

出 版 人／谢寿光
项目统筹／邓泳红　吴　敏
责任编辑／吴　敏　张　超

出　　　版／社会科学文献出版社·皮书出版分社（010）59367127
　　　　　　　地址：北京市北三环中路甲29号院华龙大厦　邮编：100029
　　　　　　　网址：www.ssap.com.cn
发　　　行／市场营销中心（010）59367081　59367018
印　　　装／北京季蜂印刷有限公司

规　　　格／开 本：787mm × 1092mm　1/16
　　　　　　　印 张：16.75　字 数：252 千字
版　　　次／2017 年 6 月第 1 版　2017 年 6 月第 1 次印刷
书　　　号／ISBN 978 - 7 - 5201 - 0782 - 2
定　　　价／89.00 元

皮书序列号／PSN B - 2017 - 614 - 1/1

主要编撰者简介

宋贵伦　中共北京市委社会工作委员会书记，北京市社会建设工作办公室主任，研究员职称。曾任中共中央文献研究室助理研究员、中共中央宣传部副处级秘书、中共北京市西城区委宣传部部长、北京市委宣传部副部长、北京市社科联党组书记、第十一届全国人大代表。著有《毛泽东与中国文艺》《北京社会建设概论》《中外社会治理研究报告》等。

冯　培　首都经济贸易大学党委书记，管理学博士，教授，硕士生导师，教育部高校思想政治理论课教学指导委员会委员，教育部大学生思想政治教育研究中心专家委员会委员，北京高校党建研究会监事长，中国高教学会思想政治教育研究分会副理事长，中国高教学会公共关系专业教育委员会副理事长等。

付志峰　材料学博士，九三学社社员，北京市政协委员，首都经济贸易大学校长，教授，博士生导师。曾任北京化工大学副校长、北京市教育委员会副主任。1993 年被评为北京市高等学校优秀青年骨干教师，2000 年入选教育部骨干教师计划，2006 年入选教育部新世纪优秀人才支持计划，2009 年获国家级教学成果一等奖。

叶　青　北京叶氏企业集团有限公司董事长，同时担任全国政协委员，全国工商联常委，北京市人大代表，民建北京市委副主委，北京新的社会阶层人士联谊会副会长，朝阳区人大常委会副主任，朝阳区工商联主席、商会会长。

戚聿东 首都经济贸易大学校长助理，经济学博士，教授，博士生导师。入选国家百千万人才工程，被授予"国家有突出贡献中青年专家"称号，享受国务院政府特殊津贴。主持国家社科基金重大项目、重点项目等国家级项目4项，著有7部较有影响的专著，在《经济研究》《管理世界》等期刊发表论文150余篇，获教育部人文社会科学研究优秀成果二等奖和三等奖，两次获北京市哲学社会科学优秀成果一等奖，两次获蒋一苇企业改革与发展学术基金奖，研究成果获中央领导批示。兼任中国工业经济学会常务副理事长，中国企业管理研究会常务副理事长，北京市社会科学联合会常委。

前　言

履行社会责任早已成为全球企业提升竞争力、实现可持续发展的核心要素和社会共识。在"大众创业、万众创新"的互联互通时代，各类企业都应秉承"企业公民"理念，在追求自身发展的同时，自觉把社会责任和商业道德植入核心价值观之中，以回报股东、回报员工、回报社会、回报国家为己任，依法经营，诚实守信，维护国家利益，参与公益环保，在追求企业经济效益和股东利益最大化的同时，用实际行动对广大利益相关者、国家、社会、环境履行应尽责任，做出积极贡献。

《北京市"十三五"时期社会治理规划》明确提出推动企业履行社会责任的任务要求，并将《北京市企业社会责任评估指标体系》设为专栏。该指标体系从"保障员工权益""诚信生产（服务）经营""维护国家利益""参与社会公益"四个维度设立 28 项评估指标，为企业践行社会主义核心价值观，主动参与驻地建设、社区公益、志愿服务、环境保护等社会事务，积极履行社会责任提供了指导标准。

为加快推进全市非公有制企业履行社会责任，在全市营造诚信经营服务、积极履行社会责任的良好氛围，按照 2016 年全市社会建设工作安排，依据《北京市"十三五"时期社会治理规划》，北京市委社会工委联合首都经济贸易大学及北京新经济组织发展研究院、千龙网等单位，共同开展了北京非公有制企业履行社会责任综合评价活动，评出"2016 年度北京非公有制企业履行社会责任百家上榜单位"和 50 家"2016 年度北京非公有制企业履行社会责任百家上榜入围单位"，并在对参评企业提供的基础数据和社会责任报告进行分析和研究的基础上，形成这部《北京非公有制企业社会责任报告（2017）》。

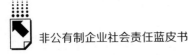

　　非公有制经济是社会主义市场经济的重要组成部分，非公有制企业广大干部职工是中国特色社会主义建设的重要力量，在推动我国经济健康发展、促进社会和谐稳定方面做出了突出贡献，发挥着越来越重要的作用。目前，北京拥有非公有制企业 10 万余家。面对我国经济发展新常态，深化供给侧结构性改革和推动京津冀一体化协同发展、疏解北京非首都核心功能的新形势和新任务，无疑给北京非公有制企业履行社会责任带来新的机遇和挑战。我们在"十三五"开局之年组织开展全市非公有制企业履行社会责任综合评价活动和非公有制经济发展研究，宣传树立非公有制企业履行社会责任先进典型，是推进全市企业社会责任体系建设、引导非公有制企业自觉践行社会主义核心价值观的重要举措，是促进非公有制企业勇担责任、树立诚实守信良好形象的积极探索，也是动员企业参与社会建设、提升社会文明的有益尝试。

　　我们热切地希望，全市广大非公有制企业积极主动响应党中央、国务院号召和北京市委市政府部署，积极推动北京经济社会的健康可持续发展，自觉以高度的历史责任感、强烈的现实使命感和宽广的全球视野深刻认识和积极履行企业社会责任，坚持经济效益与社会效益并重，坚持发展壮大企业与履行社会责任并举，建立健全科学规范的社会责任管理体系和工作机制，积极主动向媒体和公众披露企业社会责任信息，争做保障员工权益的模范、诚信生产（服务）经营的模范、维护国家利益的模范、参与社会公益的模范、保护环境的模范，在履行企业社会责任方面再创新业绩、再上新台阶，为北京率先全面建成小康社会、建设国际一流的和谐宜居之都做出新的更大贡献！

摘　要

　　企业社会责任是企业内生的企业对员工、客户、社会、国家和生态环境应尽的或自觉担当的责任。履行社会责任是企业与其利益相关者实现共同发展的重要保障和路径选择。开展北京非公有制企业社会责任评估，既是全面深化改革、推进社会治理体系建设的一项重要任务，也是引导企业负责任地做产品、负责任地做服务、负责任地做人，增强企业竞争"软实力"，营造文明诚信社会环境的重要举措。

　　本报告主要从四个方面对北京非公有制企业履行社会责任情况进行分析。第一，对 2016 年北京市非公有制企业履行社会责任总体情况进行概述；第二，针对评价指标体系中的 4 个评价维度、28 个评价指标进行数据汇总与处理，并分析样本呈现的整体趋势；第三，就不同规模、不同行业、不同所有制以及上市与否的企业进行横纵向综合评价，采用比较分析的方法进行研究；第四，对社会责任履行情况良好的 10 家典型企业进行深入剖析，达到经验分享与借鉴的目的。

Abstract

Corporate social responsibility is the enterprise's endogenous responsibility of fulfilling its employees, customers, society, the country and ecological environment. The fulfillment of social responsibility is an important guarantee and approach for enterprises and their stakeholders to achieve common development. To evaluate Beijing non-public corporate social responsibility is not only an important task of deepening the reform and promoting the construction of social governance system, but also a major initiative to guide enterprises to make products, provide service responsibly, and to improve competition strength and to create a credible social environment.

This book mainly analyzes the social responsibility of non-public corporate in Beijing from four aspects. Firstly, we summarize the general situation of Beijing non-public corporate social responsibility in 2016. Secondly, according to the four evaluation dimensions in the evaluation index system and 28 evaluation indexes, the data are summarized and processed, and the overall trend of the sample is analyzed. Thirdly, the horizontal and comprehensive evaluation is carried out on different scales, different industries, different ownerships and the listed companies. Finally, the 10 typical enterprises with high social responsibility are analyzed in depth in order to share experience and offer references.

目　录

Ⅰ　总报告

Ⅱ　分报告

Ⅲ　比较研究篇

Ⅳ　企业实践篇

Ⅴ　附录

皮书数据库阅读使用指南

CONTENTS

I General Report

II Category Reports

III Comparative Study

Ⅳ   Business Practice

V   Appendices

总 报 告

General Report

B.1

北京市非公有制企业履行
社会责任报告

摘　要：　开展北京市非公有制企业社会责任评估，既有助于培养企业的
社会责任感，实现企业自身与其利益相关者的共同发展，也有
利于营造文明诚信的社会环境，进而推动北京经济社会的健康
可持续发展。本报告从三个方面对2016年北京市非公有制企业
履行社会责任总体情况进行概述。第一部分对企业社会责任进
行界定，并对北京市非公有制企业社会责任发展的总体水平及
四个评价维度［保障员工权益、诚信生产（服务）经营、维护
国家利益和参与社会公益］进行概况分析；第二部分对北京市
非公有制企业社会责任评价指标体系展开详细说明；第三部分
对北京市非公有制企业社会责任数据来源作相关介绍。

关键词：　非公有制企业　企业社会责任　指标体系

2016年3月4日，习总书记对广大非公经济人士提出了新的期望："做爱国敬业、守法经营、创业创新、回报社会的典范""致富思源、义利兼顾，自觉履行社会责任"。这就要求从事非公有制经济的经营管理者们要向商人的更高层次——"哲商"转变，用哲学的观念来思考问题，把自身的经商与国家的富强、民族的振兴和人民幸福紧紧地联系在一起，要有强烈的社会责任感。非公有制企业积极履行社会责任，实现与广大利益相关者和谐共生，已成大势所趋。

企业社会责任是企业内生的企业对员工、客户、社会、国家和生态环境应尽的或自觉担当的责任。履行社会责任是企业与其利益相关者实现共同发展的重要保障和路径选择。履行社会责任并积极主动地披露企业社会责任信息，将社会责任融入企业发展战略和日常管理活动中，有利于提升企业长期盈利水平和可持续发展能力，有利于吸引价值投资，维护员工及其他利益相关者的合法利益，有利于营造良好的外部经营环境，推动实现企业与国家、社会、自然环境的共同持续、和谐发展。

一　北京市非公有制企业社会责任总体评价

开展北京市企业社会责任评估，既是全面深化改革、推进社会治理体系建设的一项重要任务，也是引导企业负责任地做产品、负责任地做服务、负责任地做人，增强企业竞争"软实力"，营造文明诚信社会环境的重要举措。

（一）企业社会责任的界定

企业社会责任，是指企业为实现自身与社会的可持续发展，遵循法律、道德和商业伦理，自愿在运营全过程中对利益相关方和自然环境负责，追求经济、社会和环境的综合价值最大化的行为。

学术界主流观点认为，企业社会责任主要包括以下三个维度［三维度模型（WHW）］。

（1）内容（履行哪些责任，WHAT）。企业社会责任是指企业对社会（利益相关方和自然环境）负责任的行为。这一维度界定了企业社会责任的外延，即企业担负社会责任的范围或内容，按照企业能否自我选择的程度，可以划分为必尽之责任（如经济责任和法律责任）、应尽之责任（如道德责任）和愿尽之责任（如慈善责任）。

（2）方式（如何履行，HOW）。社会责任理念与企业运营过程的全面融合。企业履行社会责任，必须做到把对利益相关方和自然环境负责任的理念和要求融入企业运营全过程。企业发展要始终充分考虑运营对利益相关方和自然环境的影响，统筹兼顾利益相关方的期望和可持续发展要求，追求经济、社会和环境的综合价值。另外，企业自愿追求对社会尽责。企业发展不但要自觉遵守法律规章和社会道德的约束，而且要主动追求高尚的商业伦理标准，对利益相关方和自然环境负责。

（3）动力（为什么要履行，WHY）。一方面反映了企业的内在动力。企业遵循高尚商业伦理标准的价值观追求是推动企业履行社会责任的重要动力；履行社会责任是企业实现自身可持续发展的重要基础和条件；企业对利益相关方和自然环境负责，追求企业的社会价值和子孙后代的长远利益，是企业赢得社会存在的合法性与合理性的内在原因与根本依据。另一方面反映了外部动力。法律规章及社会道德约束和要求；实现社会可持续发展对企业发展方式提出的期望和要求。

综上所述，企业社会责任可以归纳为三个方面。①法律规范的自觉遵守。自觉遵守法律规范，是企业生存与发展的基础与前提，是企业必须履行的最基本的社会责任。②道德伦理的高尚追求。企业自愿遵循更高的商业伦理标准，既是企业全面落实科学发展观和服务社会主义和谐社会的必然选择，也是弘扬社会主流价值观、激发员工创造活力、凝聚利益相关各方力量、提升企业核心竞争力的内在要求。③企业价值的充分体现。企业不仅为股东和投资者创造价值，实现盈利，提供投资回报，而且为员工、用户、伙伴、社区等其他利益相关方创造价值，为消费者提供优质的产品和服务，与用户、商业伙伴、社区等共同发展、合作共赢。这三个方面互为交叉，互为渗透。

（二）北京市非公有制企业社会责任发展总体水平

根据 194 家样本企业的社会责任发展指数分布情况和各维度数据描述分析（见表 1、表 2 和图 1）来看，北京市非公有制企业社会责任发展水平总体良好，最大值为 96，均值为 67.5，中位数为 80，标准差为 28.6。其中80.93% 的企业社会责任发展指数在 55 分以上，65 分以上的企业占75.26%，超过 2/3。具体来看，履行社会责任 5A 级的企业共计 51 家，占总样本的 26.29%，超过 1/4；4A 级企业共计 60 家，占总样本的 30.93%，是占比最高的一档；3A 级企业共计 35 家，占总样本的 18.04%；2A 级企业11 家，占总样本的 5.67%；55 分以下 A 级企业 37 家，占总样本的19.07%，接近 1/5，需要进一步提升这些企业的社会责任水平。

表 1　北京市非公有制企业社会责任发展指数分布

单位：家，%

指数分布	企业数量	百分比	累计百分比	等级
90 分以上	16	8.25	8.25	AAAAA
85~89 分	35	18.04	26.29	AAAAA
75~84 分	60	30.93	57.22	AAAA
65~74 分	35	18.04	75.26	AAA
55~64 分	11	5.67	80.93	AA
55 分以下	37	19.07	100	A
总　计	194	100	100	—

表 2　北京市非公有制企业社会责任各维度数据描述分析

单位：分，家

评估维度	最小值	最大值	中位数	均值	标准差	样本数
保障员工权益	6	24	21	19	6.5	194
诚信生产（服务）经营	5	25	19.5	17.3	7.9	194
维护国家利益	1	35	24	20.6	10.2	194
参与社会公益	4	16	12	11.1	5.3	194
总　分	16	96	80	67.5	28.6	—

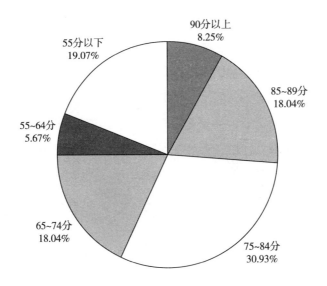

图1 北京市非公有制企业社会责任发展指数分布

1. 北京市非公有制企业社会责任发展速度总体较快

从我国企业社会责任整体发展水平来看，我国企业社会责任发展明显呈现"起步低、发展快、水平仍较低"的"两低一快"阶段性特征。北京非公有制企业中大部分是非上市公司，在社会责任意识、责任管理和信息公开披露的意愿等方面与上市公司间存在一定距离，相对起步较晚，社会责任管理不够规范，且总体水平不高。但是，近年来，在国家、监管部门、企业界和社会公众的大力倡导下，北京市非公有制企业社会责任发展较快。从统计数据来看，大部分企业都能够较好地履行其经济责任、法律责任、社会公益和环保责任。

2. 北京市非公有制企业社会责任报告内容较为完整

北京市非公有制企业社会责任报告依据《北京市企业社会责任评估指标体系》，包含保障员工权益、诚信生产（服务）经营、维护国家利益和参与社会公益4个评估维度，共计28项指标，涵盖内容完整翔实、全面客观。北京市非公有制企业社会责任报告所涉及的内容较全面地反映了企业的经济责任、社会责任和环境责任，同时，利益相关方可以根据社会责任报告知晓企业在报告期间履行社会责任的理念、制度、措施以及绩效。

3. 北京市非公有制企业社会责任意识相对较强

社会责任评估起步相对较晚，但发展较为迅速。虽然现阶段非公有制企业的社会责任意识仍处于初级阶段，它们对企业法律责任的认同要高于对企业伦理责任和慈善责任的认同，但北京市非公有制企业的社会责任意识在逐步提升，且非公有制企业的社会责任行为具有一定的战略意识，这种意识使企业发展与社会发展在深层次上具有内在一致性，有利于从企业外部推进企业的社会责任实践和企业的可持续发展。

（三）北京市非公有制企业保障员工权益概况

保障员工权益评估维度总分设置为 24 分。由表 2 可知，北京市非公有制企业保障员工权益维度得分最大值为 24，中位数为 21，均值为 19，标准差为 6.5。

从 194 家样本企业的保障员工权益指数分布情况来看，北京市非公有制企业保障员工权益总体优良，90.72% 的企业保障员工权益指数在 13.2 分以上，15.6 分以上的企业占 89.18%，超过 4/5。具体来看，保障员工权益 5A 级的企业共计 121 家，占总样本的 62.37%，超过 1/2，是占比最高的一档；4A 级企业共计 43 家，占总样本的 22.16%，超过 1/5；3A 级企业共计 9 家，占总样本的 4.64%；2A 级企业 3 家，占总样本的 1.55%；13.2 分以下 A 级企业 18 家，占总样本的 9.28%，接近 1/10，需要进一步提升这些企业的保障员工权益水平（见表 3 和图 2）。

表3 北京市非公有制企业保障员工权益指数分布

单位：家，%

指数分布	企业数量	百分比	累计百分比	等级
21.6 分以上	98	50.52	50.52	AAAAA
20.4~21.5 分	23	11.86	62.37	AAAAA
18~20.3 分	43	22.16	84.54	AAAA
15.6~17.9 分	9	4.64	89.18	AAA
13.2~15.5 分	3	1.55	90.72	AA
13.2 分以下	18	9.28	100	A
总　计	194	100	100	—

注：本评估维度采用数值为该指标在总分中所占权重，即 24 分为满分。

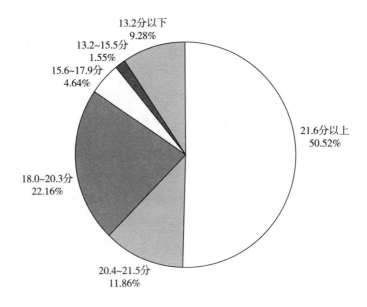

图2 北京市非公有制企业保障员工权益指数分布

保障员工权益方面，北京银达物业管理有限责任公司、北京百味绿春食品有限责任公司、北京亚东生物制药有限公司、金诚信矿业管理股份有限公司和北京古宝斋文物有限公司表现尤为突出。

专栏1

典型案例1

北京银达物业管理有限责任公司坚持"全员培训，终身培训"的方针，并独创性地设立工程专业、综合专业两个专业技术委员会，对内主导人力资源政策的制定、参与公司年度培训与全员考核工作和对所有员工进行专业技术指导等方面的工作，对外积极参与政府有关物业管理方面的法规和行业标准的制定及各项交流活动，强调人才的专业化和管理团队的全面素质提升。

北京百味绿春食品有限责任公司一贯奉行"以人为本"的管理理念，使员工的个人价值观和企业的价值观得到统一，塑造了以追求品质为核心的企业文化。公司与职工的劳动合同签订率达到了100%，为职工办理了社会养老保险、失业保险、医疗保险、工伤保险、生育保险等险种，定期组织职工进行体检，按时发放工资，全年无安全事故，员工享受带薪年假等，保障了职工的合法权益。

北京亚东生物制药有限公司始终坚信员工和公司的关系就是鱼和水的关系，员工是鱼，公司是水，没有水养鱼，鱼就没办法生存；水里没有鱼，就是一潭死水，所以员工利益和公司利益是息息相关、相辅相成的。公司切实保障职工取得劳动报酬的权利，致力于完善并落实工资支付规定，健全工资支付监控、工资保证金和欠薪应急周转金制度；同时加强对职工的职业技能培训，通过参加各种培训，不断提升员工总体素质。

金诚信矿业管理股份有限公司通过设立党委、工会、纪委、团委等完善的党群机构，在公司各级组织中建立起完善的党团组织系统。同时公司建立平等的人才竞争机制，为员工搭建充分施展才能的平台，实现员工职业发展与企业发展的互相促进。此外公司每年制订计划，组织对员工进行职业健康安全、劳动法规、生产技能和公司员工章程等内容的培训教育，积极为员工创建各类成长成才平台。

北京古宝斋文物有限公司充分认识到人才对企业的重要性，尽最大努力保证员工的合法权益和经济收入。通过落实企业绩效考核，近三年来员工人均收入实现了10%的增长，工资支付率100%；为了稳步提高人员素质，公司通过制订培训计划，落实企业宣教培训工作；落实岗前教育，并配发工作服，对电工、司机等特种人员按规定配发劳保用品，实现了安全生产零事故的工作目标。

（四）北京市非公有制企业诚信生产（服务）经营概况

企业诚信生产（服务）经营评估维度总分设置为25分。由表2可知，北京市非公有制企业诚信生产（服务）经营维度得分最大值为25，中位数为19.5，均值为17.3，标准差为7.9。

根据194家样本企业的诚信生产（服务）经营指数分布情况来看，北京市非公有制企业诚信生产（服务）经营总体良好，77.32%的企业诚信生产（服务）经营指数在13.8分以上，16.3分以上的企业占64.43%，接近2/3。具体来看，诚信生产（服务）经营5A级的企业共计93家，占总样本的47.94%，接近1/2，是占比最高的一档；4A级企业共计24家，占总样本的12.37%，超过1/10；3A级企业共计8家，占总样本的4.12%；2A级企业25家，占总样本的12.89%；13.8分以下A级企业44家，占总样本的22.68%，超过1/5，需要进一步提升这些企业的诚信生产（服务）经营水平（见表4和图3）。

表4　北京市非公有制企业诚信生产（服务）经营指数分布

单位：家，%

指数分布	企业数量	百分比	累计百分比	等级
22.5分以上	40	20.62	20.62	AAAAA
21.3~22.4分	53	27.32	47.94	AAAAA
18.8~21.2分	24	12.37	60.31	AAAA
16.3~18.7分	8	4.12	64.43	AAA
13.8~16.2分	25	12.89	77.32	AA
13.8分以下	44	22.68	100	A
总　　计	194	100	100	—

注：本评估维度采用数值为该指标在总分中所占权重，即25分为满分。

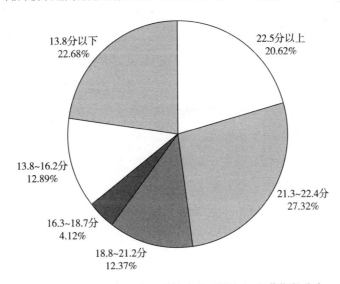

图3　北京市非公有制企业诚信生产（服务）经营指数分布

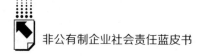

诚信生产（服务）经营方面，北京华江文化发展有限公司、北京市千叶珠宝股份有限公司、北京兴科迪科技有限公司、北京银达物业管理有限责任公司和暴风集团股份有限公司表现尤为突出。

专栏2

典型案例2

北京华江文化发展有限公司本着平等互利、诚实守信的原则，加强对经销商的管理与业务合作，保护客户的合法权益。公司与供应商之间签订多项管理规范或协议，约束不规范行为，明确双方的权利义务，保证公平对待供应商、经销商，保护所有客户的合法权益。同时注重加强产品质量管理，确保消费者合法权益，把"产品质量无小事"作为产品质量安全管理，严把工艺管理，确保产品的高品质。

北京市千叶珠宝股份有限公司，秉持顾客至上的原则，遵纪守法，诚信经营，力争社会信誉与经济效益齐头并进，千叶人深知诚信是企业经营的一种资本，是企业发展的无形推动力，建立诚信品牌是千叶人追求的永恒目标。公司秉承对顾客诚信、对员工诚信、对合作伙伴诚信的理念，树立企业良好形象，进而提升企业竞争能力，这已成为企业发展所必须具备的前提条件。

北京兴科迪科技有限公司在逐步发展壮大的同时不断加强诚信建设，创新诚信管理模式，制定诚信建设目标，建立诚信管理体系。公司通过多种途径了解和获取相关信用信息，使信用管理的基础工作得到加强。同时，公司还认真对待企业的税管工作，努力做到依法纳税与规范企业运作、提升企业信誉和体现企业价值的有机结合。

北京银达物业管理有限责任公司自成立以来，每年上缴各项税费超千万元，公司依法诚信纳税，为公司赢得较高的商业信誉和更多商机，并被北京市地方税务局连续9年评为"纳税信用A级企业"。公司一直坚持诚实守信的企业经营原则，未发生过一起与消费者的纠纷，各类合同均严格执行合同条款，未发生任何违约行为。

暴风集团股份有限公司一直严格遵守《中国互联网行业自律公约》，坚持自律与诚信，勇于承担企业社会责任，诚信经营，维护公平竞争，坚持开放合作的态度，共同发展。建立健全各项审查制度，保障网站内容绿色健康，不断建立和完善网站的节目内容审查制度、节目播出管理制度、信息安全保障措施，为社会责任放弃商业利益，开展清理低俗广告行动，加强对低俗广告的管控，营造纯洁的网络广告环境。

（五）北京市非公有制企业维护国家利益概况

企业维护国家利益评估维度总分设置为 35 分。由表 2 可知，北京市非公有制企业维护国家利益维度得分最大值为 35，中位数为 24，均值为 20.6，标准差为 10.2。

根据 194 家样本企业的维护国家利益指数分布情况来看，北京市非公有制企业维护国家利益总体良好，67.01% 的企业维护国家利益指数在 19.3 分以上，22.8 分以上的企业占 57.73%，超过 1/2。具体来看，维护国家利益 5A 级的企业共计 41 家，占总样本的 21.13%，超过 1/5；4A 级企业共计 34 家，占总样本的 17.53%；3A 级企业共计 37 家，占总样本的 19.07%，接近 1/5；2A 级企业 18 家，占总样本的 9.28%；19.3 分以下 A 级企业 64 家，占总样本的 32.99%，超过 1/3，是占比最高的一档，需要进一步提升这些企业维护国家利益的水平（见表 5 和图 4）。

表5　北京市非公有制企业维护国家利益指数分布

单位：家，%

指数分布	企业数量	百分比	累计百分比	等级
31.5 分以上	11	5.67	5.67	AAAAA
29.8 ~ 31.4 分	30	15.46	21.13	AAAAA
26.3 ~ 29.7 分	34	17.53	38.66	AAAA
22.8 ~ 26.2 分	37	19.07	57.73	AAA
19.3 ~ 22.7 分	18	9.28	67.01	AA
19.3 分以下	64	32.99	100	A
总　计	194	100	100	—

注：本评估维度采用数值为该指标在总分中所占权重，即 35 分为满分。

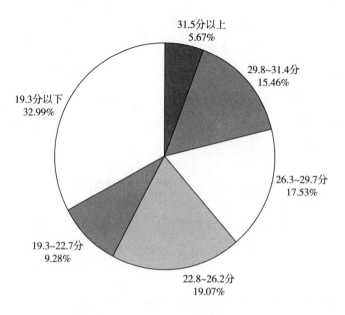

图 4　北京市非公有制企业维护国家利益指数分布

维护国家利益方面,北京百迈客生物科技有限公司、北京华源亿泊停车管理有限公司、北京佳诚物业管理有限公司、北京嘉林药业股份有限公司和北京八达岭金宸建筑有限公司表现突出。

专栏3

典型案例3

北京百迈客生物科技有限公司作为国家战略型行业,坚信21世纪是生物世纪,并为此不懈努力。公司深信在国家政策的扶持和引导下、在各界专家的帮助和指导下、在百迈客全体员工的创新和努力下,百迈客致力并践行"打造生物科技创新中心和树立生物产业标志企业"的企业愿景一定能够实现。公司持续关注环保事业,提高能效,降低能耗。

北京华源亿泊停车管理有限公司注重维护国家利益,通过加强税收管理体制建设,提高公司税收管理水平,认真贯彻税收法规政策,加强税收政策宣传学习,按时足额缴纳税款,履行应尽义务,年纳税增长率为49%。响应国家节能减排的政策号召，优化能源消费结构，提高资源利用率，制定节能减排方案，充分调动员工节能减排的自觉性，以能源的高效利用促进公司的发展。

北京佳诚物业管理有限公司始终坚持企业就是社会的一分子，公司会扮演好社会公民的角色，自觉按照政府有关法律、法规的规定，承担政府规定的其他责任和义务，并接受政府的监督和依法干预。公司结合互联网技术，挖掘小区物业服务新的经济增长点，致力于打造"业主安心、政府放心、物服和谐"的新型小区物业服务模式，核心竞争力持续提高，年纳税增长率达到 6%。

北京嘉林药业股份有限公司为北京本地带来就业岗位 500 多个，全国的各办事处为全国各重点省市提供就业岗位近千个。公司为配合新《环境保护法》实施以及满足最新版污水排放标准，对厂区污水处理站进行了设备升级改造，该工程也是公司在 2015 年的最大环保改造工程项目，在原有污水站的基础上，对污水站设备设施以及处理工艺进行了全方位的提升。企业解决残疾员工就业 10 人，残疾员工占员工总数的比例为 2%。

北京八达岭金宸建筑有限公司认真学习和贯彻党的方针政策，认真学习贯彻习近平总书记系列重要讲话，加强党组织建设，公司定期发放学习宣传材料，开展党员活动，发展新党员。公司持续开展环保宣传教育工作，要求员工养成节约习惯，年人均水消费量 4.8 立方米，年人均能源消耗量 1.24 吨。公司未发生危害社会环境安全的环境污染事故、危害员工安全的职业病危害事故、危害客户环境安全的重大泄漏环境事故。

（六）北京市非公有制企业参与社会公益概况

企业参与社会公益评估维度总分设置为 16 分。由表 2 可知，北京市非公有制企业参与社会公益维度得分最大值为 16，中位数为 12，均值为 11.1，标准差为 5.3。

根据 194 家样本企业的参与社会公益指数分布情况来看，北京市非公有制企业参与社会公益总体良好，76.80%的企业参与社会公益指数在8.8分以上，10.4分以上的企业占58.76%，超过1/2。具体来看，参与社会公益5A级的企业共计90家，占总样本的46.39%，接近1/2，是占比最高的一档；4A级企业共计24家，占总样本的12.37%；2A级企业35家，占总样本的18.04%，接近1/5；8.8分以下A级企业45家，占总样本的23.2%，超过1/2，需要进一步提升这些企业的参与社会公益水平（见表6和图5）。

表6　北京市非公有制企业参与社会公益指数分布

单位：家，%

指数分布	企业数量	百分比	累计百分比	等级
14.4分以上	67	34.54	34.54	AAAAA
13.6~14.3分	23	11.86	46.39	AAAAA
12~13.5分	24	12.37	58.76	AAAA
10.4~11.9分	0	0	58.76	AAA
8.8~10.3分	35	18.04	76.80	AA
8.8分以下	45	23.20	100	A
总　计	194	100	100	—

注：本评估维度采用数值为该指标在总分中所占权重，即16分为满分。

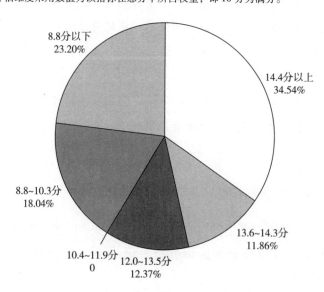

图5　北京市非公有制企业参与社会公益指数分布

参与社会公益方面，暴风集团股份有限公司、北京德尔康尼骨科医院有限公司、北京澄通光电股份有限公司、北京博龙阳光新能源高科技开发有限公司和北京百味绿春食品有限责任公司表现突出。

专栏4

典型案例4

暴风集团股份有限公司自成立之初一直关注公益事业，也从未停止公益行动的脚步。2015年5月，公司创始人冯鑫发起设立了"暴风公益"，提出"暴风+"的公益理念，探索、打造具有互联网精神的创新公益形式和内容。暴风公益，着眼于在思想领域具有传播价值的事情，从影响一部分人开始，影响社会的思考。公司在做大做强的发展过程中，始终不忘公司所肩负的社会责任，积极为当地安置企业转型后下岗职工、为困难家庭提供临时就业机会，以自身发展助力地方经济的发展振兴。

北京德尔康尼骨科医院有限公司为纳通集团子公司，纳通集团成立了北京纳通公益基金会，医院积极参与基金会的各项公益工作，主要进行的公益项目有：开展贫困儿童助学项目，主要资助四川省、贵州省的贫困地区，资助儿童助学款及学习、生活用品；支持儒学文化项目，加强四川大学儒学教育工作；弘扬传统文化，进行佛教捐款；给中国道教协会捐款，弘扬慈爱和平的精神；为促进西藏医疗事业发展，促进西藏人民医疗水平的提升，基金会向西藏自治区开展赠予活动。

北京澄通光电股份有限公司发展循环经济、建设"澄通农场"、助力"幸福列车"、开展澄通助学计划等，澄通已经将社会责任融入企业自身的发展之中，将公益事业作为一项责无旁贷的行为，默默付诸行动，全力与自然和谐相处、与社会共享成长。发动爱心捐款活动，社会对企业参与其建设的满意度良好。

北京博龙阳光新能源高科技开发有限公司非常重视社会公益活动，参与公益活动是公司的愿望，也是公司的快事，公司注册志愿者占员工比例40%，企业志愿组织年人均志愿服务时间24小时，2016年6月为怀柔区实验小学赠送学生实验用品、太阳能热水器、太阳能发电系统及航拍无人机，为学生上好实验课打下了坚实基础。慰问怀柔区武警七中队1次，慰问幸福里养中心慈孝同行尊老爱老敬老助老情暖重阳庆重阳大联欢。有20人参加了爱心捐款活动，社会对企业参与建设的满意度良好。

北京百味绿春食品有限责任公司热衷投身社会公益事业，发挥企业社会责任，在各种大灾大难面前累计捐款30多万元。资助教育事业、对偏远村庄的困难户进行帮扶、对家庭经济条件困难的大学生进行资助、开展"文明交通志愿服务"活动等。公司领导定期带领公司员工参与各种社会公益活动，如义务植树、公益讲座、公益助残、捐款等，让社会感受到企业发展带来的种种惠利。

二　北京市企业社会责任评估指标体系

（一）指标选取

指标体系的设计主要依据先进性、绩效性和可操作性原则，既符合同类指标的设计标准，又能够确保面向众多没有向社会公开披露社会责任的非公有制企业，"评估指标"的数据可采集、可采信，并可长期跟踪研究。

根据企业社会责任的界定以及评估取向需求，本评估标准结构由三大板块构成：一是企业社会责任负面清单（一票否决），二是企业社会责任评估指标体系，三是企业社会责任特色指标。

1. 负面清单

在北京市企业履行社会责任评估中，参评企业如符合下列清单中任意一条，即取消参评资格：①发生重大安全生产事故；②发生重大产品质量事故并产生较大社会影响；③发生重大侵犯员工权益行为；④近三年发生重大环保违规行为；⑤发生重大涉税行为或企业纳税信用等级为D级；⑥大量泄露客户信息并产生不良社会影响；⑦企业法定代表人、投资人出现重大信用不良记录；⑧发生欺诈、哄抬价格等重大扰乱市场秩序的行为；⑨发生其他重大违法、违规行为。

2. 指标体系

本评估指标体系以"关系"为轴心，由 4 个评估维度、28 个评估指标构成。一是企业与员工的关系，通过"保障员工权益"来评估，包括 12 个二级指标，其中 11 个是客观指标、1 个是主观指标。二是企业与客户的关系，通过"诚信生产（服务）经营"来评估，包括 5 个二级指标，其中 3 个是客观指标、2 个是绩效考核指标。三是企业与国家的关系，通过"维护国家利益"来评估，包括 7 个二级指标，其中 6 个是客观指标、1 个是绩效考评指标。四是企业与社会的关系，通过"参与社会公益"来评估，包括 4 个二级指标，其中 3 个客观指标、1 个是主观指标。

3. 特色指标

企业履行社会责任方面一些"自选动作"及所获得荣誉等，在评估中视情适当加分。①率先开展企业社会责任建设，并定期向社会发布社会责任报告；②企业社会责任评估为 AAAA 级以上的企业；③近两年获市级及以上集体荣誉奖项数；④近两年中央和本市主要媒体对本企业的公开报道；⑤近两年本企业员工获全国和本市"道德模范""劳动模范""五一劳动奖章""五四青年奖章""三八红旗手""优秀共产党员""优秀党务工作者"人次，以及上"中国好人榜""北京榜样"人次；⑥开展党建工作并获得市级以上荣誉的。

（二）评估等级

北京市企业社会责任评估等级划分见表7。

北京市企业社会责任报告由以下六个方面构成：①本企业负责人就社会责任报告的真实性进行公开发布；②本单位的员工数以及年度单位经营总收入、人均水平、资产负债率等情况；③按照"保障员工权益"、"诚信生产（服务）经营"、"维护国家利益"和"参与社会公益"四个维度，做出相

表7 北京市企业社会责任评估等级划分

等级	释 义	评估得分
AAAAA	企业社会责任意识很强,严格遵守相关法律法规,自觉履行企业社会责任,各领域公共信用记录很好	85~100分
AAAA	企业社会责任意识强,严格遵守相关法律法规,自觉履行企业社会责任,各领域公共信用记录好	75~84分
AAA	企业社会责任意识较强,遵守相关法律法规,自觉履行企业社会责任,各领域公共信用记录较好	65~74分
AA	企业社会责任意识一般,遵守相关法律法规,基本履行企业社会责任,各领域公共信用记录一般	55~64分
A	企业社会责任意识较差,能够遵守相关法律法规,企业社会责任履行情况一般,在个别领域有轻微不良信用记录	55分(不含)以下

关的报告（这部分不超过 2000 字），并在网上填报相关数据；④说明报告的时效、覆盖范围（本单位及利益相关方）以及报告审核情况；⑤报告的预期与展望（经济、社会、环境预期绩效）；⑥社会荣誉与媒体报道。

（三）权重分配

本次根据评估体系中各项企业社会责任内容的重要性，运用层次分析法分别确定保障员工权益、诚信生产（服务）经营、维护国家利益和参与社会公益四大责任板块的权重。

三 北京市非公有制企业社会责任数据来源

（一）样本选取

北京市非公有制企业社会责任评估信息均来自企业主动、公开提交、披露的经济责任、法律责任、社会公益和环境等信息。这些信息均满足以下几个基本原则。①主动性。企业向社会主动披露经济责任、法律责任、社会公益和环境等信息。②公开性。利益相关方能够通过公开渠道较为方便地获取相关信息。③实质性。这些信息能够切实地反映企业履行社会责任的水平。④时效性。这些信息能够反映出企业最新的社会责任实践。

2016 年北京市非公有制企业履行社会责任信息搜集截止日期为 2016 年 11 月 9 日。信息应该保证为近两年内企业履行社会责任情况。企业提交信息中在 2015 年 1 月 1 日之前的信息不纳入评估范围。

在参评企业选取过程中，采取"负面清单"原则，即参评企业如符合下列清单中任意一条，就不会被纳入本次评估的样本企业中：①发生重大安全生产事故；②有重大产品质量事故并产生较大社会影响；③有重大侵犯员工权益行为；④有重大环保违规行为；⑤有重大偷税、漏税行为；⑥大量泄露客户信息并产生不良社会影响；⑦企业法人、投资人有重大信用不良记录；⑧有欺诈、哄抬价格等重大扰乱市场秩序的行为；⑨有其他重大违法、违规行为。

参加北京市非公有制企业社会责任评估的样本企业分别由东城区社会建设工作领导小组办公室、西城区社会建设工作领导小组办公室、朝阳区社会建设工作领导小组办公室、海淀区社会建设工作领导小组办公室、石景山区社会建设工作领导小组办公室、门头沟区社会建设工作领导小组办公室、房山区社会建设工作领导小组办公室、通州区社会建设工作领导小组办公室、顺义区社会建设工作领导小组办公室、昌平区社会建设工作领导小组办公室、大兴区社会建设工作领导小组办公室、怀柔区社会建设工作领导小组办公室、密云区社会建设工作领导小组办公室、延庆区社会建设工作领导小组办公室等 14 个区县以及北京市工商业联合会、北京市贸促会、北京市私营个体经济协会、北京工业经济联合会、北京市商业联合会、北京市建筑业联合会、北京民办教育协会、北京企业联合会、中关村社会组织联合会、北京外商投资企业协会、北京人力资源服务行业协会、首都互联网协会等 12 家社会枢纽型组织推荐，共计 194 家（见表 8）。

表8　北京市非公有制企业名额推荐情况

单位：家，%

序号	推荐单位	推荐数量	所占百分比
1	东城区社会建设工作领导小组办公室	1	0.52
2	西城区社会建设工作领导小组办公室	10	5.15
3	朝阳区社会建设工作领导小组办公室	13	6.70
4	海淀区社会建设工作领导小组办公室	7	3.60
5	石景山区社会建设工作领导小组办公室	5	2.58
6	门头沟区社会建设工作领导小组办公室	1	0.52
7	房山区社会建设工作领导小组办公室	4	2.06
8	通州区社会建设工作领导小组办公室	10	5.15
9	顺义区社会建设工作领导小组办公室	5	2.58
10	昌平区社会建设工作领导小组办公室	10	5.15
11	大兴区社会建设工作领导小组办公室	7	3.60
12	怀柔区社会建设工作领导小组办公室	5	2.58
13	密云区社会建设工作领导小组办公室	13	6.70
14	延庆区社会建设工作领导小组办公室	8	4.12
15	北京市工商业联合会	12	6.19
16	北京市贸促会	6	3.09
17	北京市私营个体经济协会	10	5.15
18	北京工业经济联合会	8	4.12
19	北京市商业联合会	4	2.06
20	北京市建筑业联合会	4	2.06
21	北京民办教育协会	5	2.58
22	北京企业联合会	22	11.34
23	中关村社会组织联合会	11	5.67
24	北京外商投资企业协会	2	1.03
25	北京人力资源服务行业协会	6	3.09
26	首都互联网协会	5	2.58
	合　计	194	100

（二）行业分布

参照北京市统计局的"国民经济行业分类"的划分标准，194家样本企业分别来自工业，建筑业，商业企业，运输业，文化创意产业，教育、卫生、体育和娱乐业及金融业（见表9）。其中，来自教育、卫生、体育和娱乐业的企业数量最多，共129家，占样本企业的66.5%，然后是商业企业，共16家，占8.2%，第三多的是来自文化创意产业的企业，共14家，占7.2%。从总体上看，样本企业的行业覆盖较为全面，具有一定的代表性。

表9　样本企业所处行业分布情况

单位：家，%

序号	行业类型	企业数	所占比例
1	工业（制造业）	11	5.7
2	建筑业和房地产业	12	6.2
3	商业企业（批发、零售、住宿、餐饮）	16	8.2
4	运输业	7	3.6
5	文化创意产业	14	7.2
6	教育、卫生、体育和娱乐业	129	66.5
7	金融业	5	2.6
合　计		194	100

分 报 告

Category Reports

B.2
北京市非公有制企业员工权益保护情况

摘　要：　本报告基于"2016 年北京非公有制企业社会责任状况调查"数据，调研了 194 家北京市非公有制企业 2014 年和 2015 年在保障员工权益方面的表现情况，重点观测了社会保险参保率、工资支付率、员工收入增长率、劳务派遣员工占员工总数的比例、员工年体检率、员工享受法定带薪年休假率、员工入工会员工比例、劳动合同签订率、劳保用品人均经费年增长率、员工安全事故伤亡率、保障员工权益的满意度 11 个维度。调查发现，北京市非公有制企业在保障员工权益方面的总体表现良好，很多指标均值都在90% 以上，而且保障员工权益的满意度比例超过平均值的非公有制企业有 108 家，在分析样本（137 家企业）所占比例为 78.83%。

关键词：　北京　非公有制企业　企业社会责任　员工权益

本报告重点分析了北京市非公有制企业在保障员工权益各指标上的得分情况及典型案例，并针对各指标具体表现提出改进建议，从而促进北京市非公有制企业在保障员工权益方面做得更好。

课题组调研了 194 家北京市非公有制企业 2014 年和 2015 年在保障员工权益方面的表现情况，数据经过了相关部门的核实。经过专家评鉴打分，在此项总得分为 30 分的标准下，企业主要得分情况见表 1。

表 1 北京市非公有制企业在保障员工权益方面的表现情况

单位：家，%

得分	企业数	所占比例	得分	企业数	所占比例
24 分	11	5.7	17 分	5	2.6
23 分	40	20.6	16 分	4	2.1
22 分	44	22.7	14 分	3	1.5
21 分	23	11.9	12 分	1	0.5
20 分	22	11.3	9 分	1	0.5
19 分	14	7.2	8 分	2	1.0
18 分	6	3.1	6 分	1	0.5

由表 1 可以出，得分在 18 分及以上的企业数达到 160 家，占总数的 82.5%，这表明北京市非公有制企业在保障员工权益方面总体表现良好，也说明越来越多的非公有制企业认同并切实履行社会责任，尤其是在保障员工权益方面，这是企业发展义不容辞的责任，也是企业提升竞争力、实现可持续发展的重要手段。

一 社会保险参保率

党的十八届三中全会提出，要建立更加公平、可持续的社会保障政策，让发展的成果更公平地惠及全体人民。非公有制企业作为国民经济的重要组成部分，其参加社会保险的情况关系着社会保障制度的建立和完善，也关系着众多职工的切身利益。根据北京市统计局公布的对于规模以上非公经济的统计数据，2016 年 1 ~ 3 季度从业人员平均人数（指在报告期内平均拥有的从业人员数，包括在岗职工、使用的劳务派遣人员及其他从业人员）达到 356.9 万，同比增长 1.5% 。内资企业从业人员平均人数达到 247.5 万，同比增长 3.3%①。2016 年北京市工商业联合会发布的《北京市民营企业社会责任报告书》提到目前北京市私营企业、个体工商户总数已达到 160.57 万户，从业人员达到 896.45 万。

从源头开始，北京市非公有制企业规范劳动合同签订，规范人力资源管理、完善员工权益保障体系，成就员工个人价值的发挥，并在推进企业民主化管理道路上不断前进，并最终实现企业的可持续发展。随着中国改革开放战略的进一步深化，北京作为国际现代大都市也成为越来越多社会高层次就业人员的选择。2014 年，北京市海外留学生就业占比中，选择到北京市非公有制企业就业的超过 50%②，完善的员工保障体系为留学归国人员提供了丰富的个人发挥空间，保障社会优质教育资源的价值得到充分发挥。

为此，我们调研了北京市非公有制企业在 2014 年和 2015 年的各类社会保险参保率，数据经过了相关部门的核实。总体上，共有 178 家企业对该指标的回应是有效的，表 2 列示了这 178 家非公有制企业各类社会保险参保率的描述性统计结果。

表 2 各类社会保险参保率的描述性统计结果

单位：家，%

样本数	各类社会保险参保率		
	平均值	最小值	最大值
178	98.54	32	100

可以发现，北京市非公有制企业各类社会保险参保率的平均值为 98.54%。具体的表现情况为：该指标的最小值为 32%，最大值为 100%，

---

① http：//www.bjstats.gov.cn/tjsj/yjdsj/fgjj/2016/201611/t20161111_362536.html.
② 2016 年《北京市民营企业社会责任报告书》。

表明不同的非公有制企业在该指标上存在较大的差异。

尽管北京市非公有制企业在各类社会保险参保率方面已经做出了相当大的贡献，但仍存在一些值得改进的地方。我们注意到尚存在较多非公有制企业的各类社会保险参保率处在一个相对较低的区间内，因此要进一步动员、鼓励这些企业为保障员工权益贡献自己的一份力量。尤其要认识到给员工参保，既是法律所需，也是企业发展的立石之基。同时，部分非公有制企业已经为各类社会保险参保率做出了较大贡献，各类社会保险参保率处在相当高的水平。但对于这些非公有制企业而言，在保证员工权益的同时，还要考虑为不同层次的人才提供发展平台，为不同层次的员工提供发展保障。

二　工资支付率

工资支付制度既是企业人力资源管理制度中的一项重要组成部分，更是非公有制企业履行社会责任的重要体现。工资一般分为两大组成部分：一部分是劳动收入，即基于员工提供的劳动付出而产生的劳动报酬，包括员工的计时工资、计件工资、奖金和加班工资；另一部分包含员工福利，即企业考虑到员工的岗位特殊性或生活所需而提供的保障待遇[1]。企业通过适当的工资支付换取员工的劳动力，并通过工资的激励功能激发员工为所属企业创造更多的利润，也同时使企业更好地为社会做出相应的贡献。

考虑到非公有制企业按规定支付员工工资是非公有制企业履行社会责任的重要方面，课题组调研了北京市非公有制企业 2014 年和 2015 年两年的北京市非公有制企业工资支付率，数据经过了相关部门的核实。总体上，共有173 家非公有制企业对年纳税增长率指标的回答是有效的，表 3 列示了样本企业工资支付率的描述性统计结果。

---

① 张倩茹：《工资支付也要"保护伞"》，《人力资源》2016 年第 64 期。

表3　北京市非公有制企业工资支付率的描述性统计结果

单位：家，%

样本数	工资支付率		
	平均值	最小值	最大值
173	99.55	28	100

分析表3可以发现，173家北京市非公有制企业工资支付率的平均值为99.55%，表明总体上北京市非公有制企业对员工支付工资这项指标表现优异。该指标的最小值为28%，最大值则为100%。由此可见，工资支付率这一指标在样本企业中波动相对较大。

课题组进一步地考察了北京市非公有制企业工资支付率这一指标的分布情况。我们发现大部分非公有制企业都能按时支付企业员工工资。也由此可见，北京非公有制企业在履行企业社会责任尤其是对待支付员工工资上表现优异。在分析完北京市非公有制企业工资支付率的总体情况后，我们有针对性地为北京市非公有制企业在工资支付率方面的社会责任履行提供一些建议。首先，我们注意到虽然大部分非公有制企业的工资支付率很高，但是仍出现了工资支付率不高的个别企业。当然可能存在多种不同的原因，比如不同的行业规矩或是商业活动交易的不同方式方法。但是，在新的经济时期，我们应建立健全按时支付员工工资制度，坚决反对企业拖欠员工工资。此外，考虑到非公有制企业与国有企业相比，非公有制企业在资金支持等方面具有一定的劣势，政府可以考虑制定相应的政策适当地减免非公有制企业的税费，促进非公有制企业更健康地成长与发展，为社会的发展做出更多的贡献。

三　员工收入增长率

建立非公有制企业员工工资健康增长机制，是非公有制企业履行企业社会责任的重要表现，对促进非公有制企业与员工的共同发展、构建和谐劳资关系具有重要的意义。鉴于此，我们对北京市非公有制企业员工收入增长率这一指标进行了分析。我们获取了该指标在2014年和2015年两年的数据，

且数据经过了相关部门的核实。总体上，共有 159 家对该指标进行有效回答
的非公有制企业，表 4 列示了这些样本企业员工收入增长率的描述性统计结
果。分析表 4 可以发现，159 家北京市非公有制企业该指标的平均值为
16.09%。最值方面，该指标的最小值为 -12.73%，即员工收入相比上年下
跌 12.73%。最大值为 100%，即企业员工的收入相比上年翻了一倍。

表4　员工收入增长率的描述性统计结果

单位：家，%

样本数	员工收入增长率		
	平均值	最小值	最大值
159	16.09	-12.73	100

课题组进一步分析了北京市非公有制企业员工收入增长率这一指标在样
本企业中的分布情况。我们以平均值 16.09% 为分界点，统计了低于平均值
和高于平均值的样本企业数量及占比，具体结果如表 5 所示。分析表 5 可以
发现，员工收入增长率在 16.09% 以下的非公有制企业有 112 家，所占比例
为 70.44%。然而，员工收入增长率超过平均值的非公有制企业仅有 47 家，
所占比例为 29.56%。由此可见，大多数样本企业的该项指标并不高。

表5　北京市非公有制企业员工收入增长率的分布情况

单位：家，%

指标取值区间	平均值以下	平均值以上
样本数	112	47
占　比	70.44	29.56

综合我们对北京市非公有制企业员工收入增长率这一指标的分析来看，
目前北京市非公有制企业在员工工资增长机制方面已经较好地履行了企业社
会责任。然而，建立健全完善的员工工资增长机制对非公有制企业来讲，任
重而道远。一方面，非公有制企业作为国民经济发展中的一支重要力量，在
提供就业岗位、吸纳劳动力方面都发挥着重要的作用。建立完善的员工工资

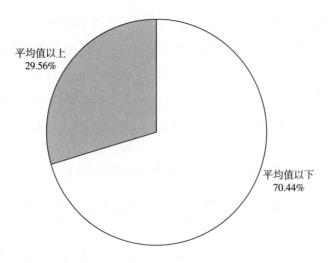

平均值以上
29.56%

平均值以下
70.44%

图 1　北京市非公有制企业员工收入增长率的分布情况

机制不仅是对员工，也对社会有着重要的作用。另一方面，非公有制企业自身相对负担较重，尤其是在经济下行阶段，企业的用工成本作为企业经营成本的重要组成部分对企业的生存和发展有着举足轻重的作用。一旦不加防范，就有可能会严重消耗掉企业的正常运转费用，也有可能会使企业面临更加困难的经营局面。由于非公有制企业大多规模较小，财务制度相对简单，操作有可能不符合相关的财务制度规定，做不到成本、费用的详细核算，盈利状况也常常会保密，从而造成信息不对称，无法完全精准地计算工资增长比例，所以对此项研究结果也有一定的影响①。

四　劳务派遣员工占员工总数的比例

随着经济的发展以及社会化分工的不断细分，劳务派遣凭借其在灵活用工、促进就业、节约劳动成本、调整劳动力供需等方面的优势，在我国现代用工市场中发展迅速。非公有制企业劳务派遣发展已初具规模，通过劳务派

---

① 郭爱英、宋朝利:《建立中小企业员工工资正常增长机制的调查与思考》，《中国人力资源开发》2008 年第 217 期。

遣可为非公有制企业提供多标准、多层次、灵活可靠人员,以满足用人单位对不同层次与不同类别人员的需求。

为此,我们调研了北京市非公有制企业在 2014 年和 2015 年的劳务派遣员工占员工总数的比例,数据经过了相关部门的核实。总体上,共有 150 家企业对该指标的回应是有效的,表 6 列示了北京市非公有制企业劳务派遣员工占员工总数的比例分布情况。

表 6　劳务派遣员工占员工总数的比例分布情况

单位:家,%

样本数	劳务派遣员工占员工总数的比例		
	平均值	最小值	最大值
150	5.34	0	99.5

在 150 家北京市非公有制企业中,由于所处行业等原因,有 114 家企业不涉及劳务派遣,有 4 家企业的劳务派遣员工占员工总数的比例≥50%。观察表 6 可以发现,北京市非公有制企业劳务派遣员工占员工总数的比例的平均值为 5.34%。最值的表现为:该指标的最小值为 0,最大值为 99.5%,表明不同非公有制企业在该指标上存在较大的差异。

通过分析北京市非公有制企业劳务派遣员工占员工总数的比例情况,可以发现,劳务派遣在北京非公有制企业市场上的发展速度和发展规模并不均衡,为确保非公有制企业劳务派遣行业的有序发展,政府、企业、个人应通力合作,吸取教训、总结经验、采取切实可行的措施对其进行规范化管理。借鉴过往的研究[1]具体应从以下几方面着手实施。首先,完善劳务派遣法规制度,做好指导工作,出台更多有关劳务派遣的专门法律法规,细化对劳务派遣机构的资质要求,明确规定其应用范围。应建立企业信用档案,对劳务派遣公司进行等级评定。其次,加强市场监督检查,严格规范用工比例。企业尤其要以法律为准绳来规范自身经营行为,积极配合政府部门的各项工

---

① 黄东梅:《浅析西北地区劳务派遣的规范化管理》,《知识经济》2016 年第 20 期。

作，以良好的信誉推动劳务派遣制度的良性发展。再次，调整工资社保体系，保障劳动者权益。最后，个人要提高职业技能，增强法律意识。

五　员工年体检率

身体健康，防重于治。如果在疾病的易感染期或者临床前期就通过体检的手段发现疾病隐患，并采取相应的措施，那么疾病就会被扼制在最初阶段，大大减轻病人的身体和经济负担，也避免疾病对身体的损害。因此，定期体检对于每个人来说都非常重要。企业组织员工体检不仅是对员工本身及家庭负责，更是对企业及社会负责。通过组织员工体检，一方面使企业员工保持身体健康，减少员工因患病或去世而自然流出企业的概率；另一方面也有利于塑造与提升企业的品牌形象，增强员工的归属感与忠诚度，有利于企业更好地保留优秀人才，并为企业吸引到更多更优秀的人才。在这一背景下，探讨企业组织员工年体检率十分必要。

为此，课题组调研了北京市非公有制企业定期组织员工体检的情况。我们收集了样本企业关于企业组织员工年体检率这一指标在 2014 年和 2015 年两年的数据，且数据经过了相关部门的核实。总体上，共有 157 家对该指标进行有效回答的非公有制企业，表 7 列示了这些样本企业组织员工年体检率的描述性统计结果。观察表 7 可以发现，该指标的平均值为 93.94%，说明157 家北京市样本非公有制企业即便存在所处行业、规模等性质的不同，但关于企业组织员工年体检率这一指标存在较小差异。最值方面，该指标的最小值为 9%，说明一些非公有制企业未组织员工进行年度体检。最大值为100%，说明一些非公有制企业组织员工年体检率达到了 100%。

表7　员工年体检率的描述性统计情况

单位：家，%

样本数	员工年体检率		
	平均值	最小值	最大值
157	93.94	9	100

我们进一步分析了北京市非公有制企业组织员工年体检率这一指标在样本企业中的分布情况。我们以平均值93.94%为分界点，统计了企业组织员工年体检率低于平均值和高于平均值的样本企业数量及占比，具体结果如表8和图2所示。观察表8可以发现，企业组织员工年体检率在93.94%之下的非公有制企业有25家，所占比例为15.92%。企业组织员工年体检率超过平均值的非公有制企业有132家，所占比例为84.08%。由此可见，绝大多数样本企业组织员工年体检率都相对较高。

表8　员工年体检率的分布情况

单位：家，%

指标取值区间	平均值以下	平均值以上
样本数	25	132
占　比	15.92	84.08

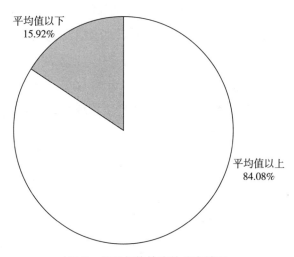

图2　员工年体检率的分布情况

根据上述分析，我们发现仍然存在一些未组织员工体检的非公有制企业和组织员工年体检率相对较低的非公有制企业。作为非公有制企业，要切实做好职业危害的防护与控制工作。非公有制企业应该采取相应的职工体检措施来降低职业危害。尤其是在一些职业危害因素较多的特殊行业，这些危害因素容易给职工造成身体和心理上的危害。建议非公有制企业多为职工制订健康计划，计划应包括职工的身体健康、安全健康和心理健康三方面。

六　员工享受法定带薪年休假率

休假是国家授予每一位公民的权利，既是员工必需的一种生活方式，也是雇主企业履行社会责任的重要体现。休假的目的是让员工从繁重紧张的工作中恢复过来，拥有一个健康的身体，并有足够的自由与时间去从事自己喜欢的事情，通过劳逸结合提高他们对工作的热情与积极性。

员工享受法定带薪年休假是非公有制企业履行社会责任的重要表现。鉴于此，我们调研了北京市非公有制企业员工享受法定带薪年休假率情况。具体地，我们收集了样本企业关于员工享受法定带薪年休假这一指标在 2014 年和 2015 年两年的数据，且数据经过了相关部门的核实。总体上，共有 169 家对该指标进行有效回答的非公有制企业，表 9 列示了这些样本企业员工享受法定带薪年休假率的描述性统计结果。分析表 9 可以发现，120 家北京市非公有制企业平均的员工享受法定带薪年休假率为 96.60%。最值方面，该指标的最小值为 10%，说明一些非公有制企业的员工并没有完全享受到法定带薪年休假。最大值为 100%，可见一些企业完全让员工享受到法定带薪年休假。

表 9　员工享受法定带薪年休假率的描述性统计情况

单位：家，%

样本数	员工享受法定带薪年休假率		
	平均值	最小值	最大值
169	96.60	10	100

课题组进一步分析了北京市非公有制企业员工享受法定带薪年休假这一指标在样本企业中的分布情况。我们以平均值 96.60% 为分界点，统计了北京市非公有制企业员工享受法定带薪年休假率较低和较高的样本企业数量及占比，具体结果如表 10 和图 3 所示。分析表 10 可以发现，员工享受法定带薪年

休假率低于平均值的非公有制企业有20家，所占比例为11.83%。员工享受法定带薪年休假率超过平均值的非公有制企业有149家，所占比例为88.17%。由此可见，多数的样本企业的员工享受法定带薪年休假率相对较高。

表10　员工享受法定带薪年休假率的分布情况

单位：家，%

指标取值区间	平均值以下	平均值以上
样本数	20	149
占　比	11.83	88.17

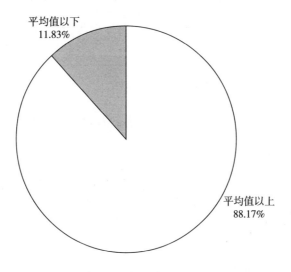

图3　员工享受法定带薪年休假率的分布情况

七　员工入工会员工比例

我国企业工会组织自建立以来，逐步走向正轨，并迅速发展。工会作为代表和维护劳动者合法权益的根本角色，也越来越多地得到法律和社会大众的认可，在推动我国法治建设的进程中始终扮演着积极的角色，体现了其参与源头维权的力量和作用。党的十八大以来，国家更是重视各级工会在非公有制企业中发挥的作用，鼓励与支持非公有制企业员工加入工会组织。

为此，我们调研了北京市在 2014 年和 2015 年非公有制企业员工加入工会所占员工数的比例，数据经过了相关部门的核实。总体上，共有 121 家企业对该指标的回应是有效的，表 11 列示了这 121 家北京非公有制企业员工入工会员工比例的描述性统计结果。观察表 11 可以发现，北京市非公有制企业员工入工会员工比例的平均值为 84.74%。最值的表现为：该指标的最小值为 3%，最大值为 100%，表明不同非公有制企业在该指标上存在较大的差异。

表 11 北京市非公有企业员工入工会员工比例的描述性统计结果

单位：家，%

样本数	员工入工会员工比例		
	平均值	最小值	最大值
121	84.74	3	100

进一步地，我们分析了北京市非公有制企业员工入工会员工比例这一指标在样本企业中的分布情况。我们以平均值 84.74% 为分界点，统计了北京市非公有制企业员工入工会员工比例较低和较高的样本企业数量及占比，具体结果如表 12 和图 4 所示。分析表 12 可以发现，入工会员工比例低于平均值的非公有制企业有 35 家，所占比例为 28.93%。入工会员工比例超过平均值的非公有制企业有 86 家，所占比例为 71.07%。由此可见，尽管我国非公有制企业工会建设已经取得一定成绩，但是仍有待加强。尤其要在协调劳动关系及代表和维护员工权益方面进一步加大力量。随着我国市场化程度的加深，在越来越多的员工的权利意识、团结意识不断提升的情况下，更要推进工会体制进一步改革，为非公有制企业工会的发展创造条件。

表 12 北京市非公有制企业员工入工会员工比例的分布情况

单位：家，%

指标取值区间	平均值以下	平均值以上
样本数	35	86
占 比	28.93	71.07

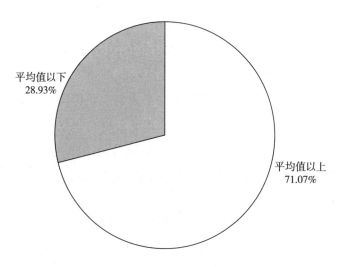

平均值以下
28.93%

平均值以上
71.07%

图4 北京市非公有制企业员工入工会员工比例的分布情况

八 劳动合同签订率

随着我国经济和科技水平的不断提高，各行各业的发展迎来了繁荣时期，但同时企业间的竞争也越来越激烈。企业只有重视与发展人力资源管理才能在竞争激烈的环境中生存与发展。根据我国现有的劳动法规定，劳动合同可以成为企业人力资源培训的基础，所以对人才资源的管理中，劳动合同具有不容忽视的作用。劳动合同是建立劳动关系的基本形式，这是由于劳动过程是非常复杂的也是千变万化的，不同行业、不同单位合同劳动者在劳动过程中的权利义务各不相同，国家法律法规只能对共性问题做出规定，不可能对当事人的具体权利义务做出规定，这就要求签订劳动合同明确权利义务。并且用人单位可以根据实际经营或工作需要确定录用劳动者的条件和方式数量，并且通过签订不同类型、不同期限的劳动合同，发挥劳动者的特长，合理使用劳动力①。实行劳动合同制度，不仅是我国社会主义市场经济

---

① 《中华人民共和国劳动合同法》，http：//www. gov. cn/ziliao/flfg/2007 – 06/29/content＿669394. htm。

条件下调整劳动关系的有效机制，也是企业履行社会责任的重要方面。

为此，我们调研了北京市非公有制企业在 2014 年和 2015 年的劳动合同签订率，数据经过了相关部门的核实。总体上，共有 176 家企业对该指标的回应是有效的，表 13 列示了这 176 家非公有制企业劳动合同签订率的描述性统计结果。观察表 13 可以发现，北京市非公有制企业劳动合同签订率的平均值为 99.83%。最值的表现为：该指标的最小值为 85%，最大值为 100%，表明不同非公有制企业在该指标上存在较小差异。

表 13 劳动合同签订率的描述性统计结果

单位：家，%

样本数	劳动合同签订率		
	平均值	最小值	最大值
176	99.83	85	100

通过调查，北京市非公有制企业劳动合同签订率总体表现优秀，也从另一个角度表明北京市非公有制企业具有良好的法律意识，体现了北京市非公有制企业在保障员工权益方面表现突出。因为劳动合同明确规定了劳动者和用人单位的权利义务，这既是对合同主体双方的保障又是一种约束，有助于提高双方履行合同的自觉性，促使双方正确行使权力，严格履行义务，这样有利于避免或减少劳动争议的发生，有利于稳定劳动关系。良好的劳动关系，健康的企业与员工的共同发展环境，既会让企业在市场竞争中建立自己的优势，也会为社会的和谐发展贡献自己的力量。

九 劳保用品人均经费年增长率

在激烈的市场竞争环境中，企业既要谋求经济利润上的发展，也要关注员工的健康情况以及劳动保护工作。非公有制企业如何将有限的劳保基金用好，既是对劳动保护工作的重视，更是企业履行社会责任的一个重要体现。

为此，课题组调研了北京市非公有制企业在 2014 年和 2015 年的劳保用品人均经费年增长率，数据经过了相关部门的核实。总体上，共有 114 家企业对该指标的回应是有效的，表 14 列示了这 114 家非公有制企业劳保用品人均经费年增长率的描述性统计结果。观察表 14 可以发现，北京市非公有制企业劳保用品人均经费年增长率的平均值为 26.43%。最值的表现为：该指标的最小值为 1%，最大值为 257%，表明不同非公有制企业在该指标上存在较大的差异。

表 14　劳保用品人均经费年增长率的描述性统计结果

单位：家，%

样本数	劳保用品人均经费年增长率		
	平均值	最小值	最大值
114	26.43	1	257

我们进一步分析了北京市非公有制企业劳保用品人均经费年增长率这一指标在样本企业中的分布情况。我们以平均值 26.43% 为分界点，统计了北京市非公有制企业劳保用品人均经费年增长率较低和较高的样本企业数量及占比，具体结果如表 15 和图 5 所示。分析表 15 可以发现，劳保用品人均经费年增长率低于平均值的非公有制企业有 88 家，所占比例为 77.19%。劳保用品人均经费年增长率超过平均值的非公有制企业有 26 家，所占比例为 22.81%。

表 15　劳保用品人均经费年增长比例的分布情况

单位：家，%

指标取值区间	平均值以下	平均值以上
样本数	88	26
占　比	77.19	22.81

从表 15 分析数据可以看出，在劳动保护工作上，需要法律和措施相互结合，既需要从企业实际成本负担出发，理解非公有制企业的顾虑与担忧，也要加强非公有制企业的自我约束，促使企业自觉地加强安全生产和劳动保护工作。

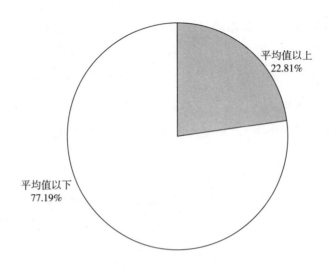

图 5　劳保用品人均经费年增长比例的分布情况

为此，非公有制企业要明确自己的劳动保护责任，要制定执行好企业的劳动保护和劳保用品管理制度，并采取有效措施，切实提高员工的劳动保护意识和安全意识，遵守劳动保护法规的各项规定，保障社会主义现代化建设顺利进行。

十　员工安全事故伤亡率

所谓事故就是在进行有目的的行动过程中所发生的违背人们意愿的事件或现象，它包含人身受到伤害和财产受到损失。每一起事故发生的后果主要有以下三种情况：一是人身受到伤害，财产没有损失；二是人身没有伤害，而财产受到损失；三是人身受到伤害，财产也受到损失。生产安全事故是指生产经营单位在其生产经营（包括与生产经营有关的生活）活动中，突然发生的伤害人身安全和健康、损坏设备设施或者造成经济损失，导致原生产经营活动暂时中止或永远终止的意外事件[1]。事故的发生有其自身的发展规律和特点，只有掌握事故的发生规律，才能做好预防工作[2]。

---

[1]　姜士伟：《机械制造企业事故控制与预防》，《机电安全》2016 年第 7 期。

[2]　陈演来：《浅谈企业事故的预防机制》，《化工安全与环境》2016 年第 28 期。

为此，我们调研了北京市非公有制企业在 2014 年和 2015 年的员工安全事故伤亡率，数据经过了相关部门的核实。总体上，共有 165 家企业对该指标的回应是有效的，表 16 列示了这 165 家非公有制企业员工安全事故伤亡率的描述性统计结果。观察表 16 可以发现，北京市非公有制企业员工安全事故伤亡率的平均值为 0.07%。最值的表现为：该指标的最小值为 0，最大值为 4%，表明不同非公有制企业在该指标上存在较小的差异。

表 16　员工安全事故伤亡率的描述性统计结果

单位：家，%

样本数	员工安全事故伤亡率		
	平均值	最小值	最大值
165	0.07	0	4

从表 16 可以看出，北京市非公有制企业在保护员工安全生产的工作中总体表现是良好的。虽然北京市非公有制企业涉及不同的行业，而不同的行业也有着不同的员工安全事故伤亡率，但我们应该鼓励企业加大对员工安全生产的保护和教育的工作力度，做好预防工作，为首都的建设和发展贡献自己的力量。

十一　保障员工权益的满意度

现阶段，在我国非公有制企业的经营管理中，"以人为本"是企业管理的中心思想，企业更加注重员工的工作状态。尤其是在竞争激烈的市场环境下，非公有制企业要想不断地发展，就需要充分发挥人力资源的优势，充分激发员工的潜在价值，并且认同企业文化，能够与企业共同发展，由此为企业的发展创造更大的经济效益①。但是，随着我国非公有制企业竞争的加剧，员工对企业保障员工权益的满意度逐渐成为焦点热点，也更是非公有制

---

①　王钧书：《中小非公企业员工工作满意度现状分析及对策》，《中外企业家》2016 年第 12 期。

企业履行企业社会责任的重要体现。

为此，我们调研了北京市非公有制企业在 2014 年和 2015 年的保障员工权益的满意度，数据经过了相关部门的核实。总体上，共有 137 家企业对该指标的回应是有效的，表 17 列示了这 137 家北京市非公有制企业保障员工权益的满意度的描述性统计结果。观察表 17 可以发现，北京市非公有制企业保障员工权益的满意度的平均值为 98.24%。最值的表现为：该指标的最小值为 80%，最大值为 100%，表明不同非公有制企业在该指标上存在较小差异。

表 17　保障员工权益的满意度的描述性统计结果

单位：家，%

样本数	保障员工权益的满意度		
	平均值	最小值	最大值
137	98.24	80	100

我们分析了北京市非公有制企业保障员工权益的满意度这一指标在样本企业中的分布情况。我们以平均值 98.24% 为分界点，统计了北京市非公有制企业保障员工权益的满意度比例较低和较高的样本企业数量及占比，具体结果如表 18 和图 6 所示。分析表 18 可以发现，保障员工权益的满意度比例低于平均值的非公有制企业有 29 家，所占比例为 21.17%。保障员工权益的满意度比例超过平均值的非公有制企业有 108 家，所占比例为 78.83%，这说明北京市非公有制企业在保障员工权益方面表现突出，大部分非公有制企业员工都对企业保障员工权益方面所做的工作表示满意。

表 18　保障员工权益的满意度比例的分布情况

单位：家，%

指标取值区间	平均值以下	平均值以上
样本数	29	108
占比	21.17	78.83

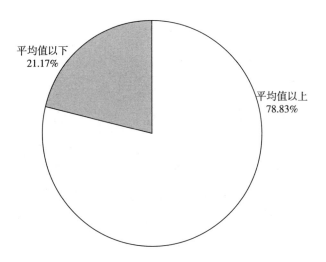

图6　保障员工权益的满意度比例的分布情况

　　本部分对北京市非公有制企业在保障员工权益方面进行了统计与分析，并通过对不同维度的具体分析，呈现给读者的是北京市非公有制企业在履行企业社会责任方面的成绩与不足。

B.3
北京市非公有制企业诚信
生产（服务）经营情况

摘　要：　诚信是企业最基本的价值观，是企业社会责任的基础内容，也是企业履行社会责任的必要条件。本报告围绕北京市非公有制企业的诚信生产（服务）经营这一维度进行研究。搜集了194家北京市非公有制企业在2014～2015年履行社会责任的实际数据，并针对诚信生产（服务）经营涉及的5项评估指标进行汇总与处理，发现总体上样本企业在该方面的社会责任履行较好，分数在13.8分以上的企业占77.32%。具体地，在和解消费纠纷率方面，96.2%的企业表现良好；在法定代表人信用方面，80%以上的企业信用状况为良（及以上）；在信用评价等级方面，一半以上的企业在A级以上；在合同履约方面，大部分企业履约率在90%以上；在缴税方面，样本企业均表现良好。

关键词：　纠纷　信用　合同履约　缴税

诚信，是现代社会做人、做事的最重要素质，也是我们社会历来提倡的最基本的道德品质。值得强调的是，诚信不仅仅是道德素养，不仅仅是一般性道德教育问题，它需要结合现代市场经济的特性，乃至结合现代社会的理性要求，从利害、取舍以及监督、制度建设上，把诚信当作一种理性要求来加以宣传和建设。

对于现代企业来说尤其如此。作为企业，从它的性质、使命、功能，乃至它的供、产、储、运、销等各环节，都需要坚守诚信。诚信，不仅从企业的道德操守来看是企业长青的决定性因素，而且，是否在一行一动、一言一事中坚守诚信，直接关系它的利害成败。因此，诚信应该是企业自身利益的取舍中，丝毫不可轻忽的大事。

中国企业家调查系统 2008 年 4 月 12 日发布的《2008 中国企业家队伍成长与发展十五年调查综合报告》显示，基于对企业履行社会责任所存在的各种问题的分析，中国企业家要全面履行企业社会责任，需要在"诚信经营、保护环境、利益共享、社会公益"这 16 个字上做出努力。由此，可以看出，在 21 世纪的新时代里，在企业追逐利润的同时，要求其承担更多的社会责任必须提上日程，这是世界潮流和客观形势的需要，也是企业可持续发展、履行企业历史使命的必然要求。

第一，诚信是企业社会责任的基础内容，是企业履行社会责任的前提。

诚信是企业最基本的价值观，是企业社会责任的基础内容，是企业履行社会责任的必要条件。在企业所应承担的诸多社会责任中，企业诚信是最基本的内容。企业如果脱离诚信经营，那么要它履行其他社会责任，也根本无从谈起。如果说一个企业在履行社会责任方面做得好，颇具企业社会责任感，那么，它一定是一个诚信的企业。

企业利益与社会责任，两者并不是博弈的冲突关系。追求利益最大化是企业的生存之本，也是企业应享有的权利，但必须通过诚信经营，实现社会与企业利益的双赢。我们国家提出调整产业结构、转换经济增长方式、构建社会主义和谐社会，这些都离不开企业的诚信，离不开企业的社会责任。

专栏 1

北京佳讯飞鸿电气股份有限公司

北京佳讯飞鸿电气股份有限公司成立于 1995 年，是国内领先的智慧指挥调度服务提供商，产品广泛应用于国内外铁路、轨道交通、国防、石油、石化、电力、海关等多种行业。2011 年 5 月公司成功在创业板上市，目前市值 70 亿元。

公司始终秉承"以人为本、立德立业，创造价值、造福社会"的理念，将企业利益与社会责任紧密结合在一起。为提高员工的诚信意识和道德水平，形成诚实守信的良好风尚，促进佳讯飞鸿信用体系建设，公司党工团组织联合发出《开展诚信主题教育实践活动倡议》，引导员工树立遵纪守法、忠于职守、爱岗敬业的职业精神和"诚实、守信、坚韧"的核心价值观，取得了较好成效。在公司成立 20 周年之际，党工团组织积极配合，开展了一系列纪念活动，在奥林匹克森林公园组织"重走佳讯路"暨第十一届长走活动，拉开了纪念佳讯飞鸿成立 20 周年系列活动的序幕。

近年来，公司在诚信生产方面取得了可喜的成绩，相继获得"工业企业质量标杆"、"中国金服务十大杰出服务商"、"信用双百企业"、"北京市诚信创建企业"及"AAA 诚信优秀企业"等多项荣誉称号，为非公有制企业树立了良好的典范。

第二，企业社会责任的履行，是企业文化的延伸及企业诚信的体现。

企业履行好社会责任，首先是企业诚信的一个体现。很多企业在自身的社会责任报告中承诺履行社会责任，兑现承诺就是企业诚信最好的证明。企业社会责任的内容丰富宽泛，除诚信以外，还会实现企业的其他文化价值，如产品质量、劳动关系、企业战略、核心竞争力等。因此，履行社会责任也是促进企业文化建设的重要途径。

第三，诚信和企业社会责任，是企业的共同价值追求。

诚信，是我们自古以来就一直恪守的价值观。进入 21 世纪以来，在经济全球化浪潮的推动下，处理好与大众、社会之间的关系，成为企业促进社会进步、推进和谐发展的必然途径。在国际上，将企业社会责任融于企业发展战略已成为企业基业长青的不可或缺的部分，这也是我国企业在发展过程中的必然尝试。随着全球气候变暖、世界局部性的灾难、战争、人权问题、反腐败事宜等影响全世界的共同问题的出现，企业社会责任将更加重要。

本次针对北京市非公有制企业履行社会责任的评估活动，诚信生产（服务）经营评估维度总分设置为 25 分。由表 1 可知，北京市非公有制企业诚信生产（服务）经营维度得分最大值为25，中位数为19.5，均值为17.3，标准差为7.9。

表1 北京市非公有制企业诚信生产（服务）经营数据分析

单位：家

评估维度	最小值	最大值	中位数	均值	标准差	样本数
诚信生产（服务）经营	5	25	19.5	17.3	7.9	194

根据194家样本企业的诚信生产（服务）经营指数分布情况（见表2）来看，北京市非公有制企业诚信生产（服务）经营总体情况良好。诚信生产（服务）经营3A级以上的企业共计125家，占总样本的64.43%，其中5A级企业共计93家，占总样本的47.94%，接近1/2，是占比最高的一档，4A级企业共计24家，占总样本的12.37%，超过1/10。值得注意的是，仍有共计44家企业的诚信生产（服务）经营指数分布在13.8分以下，占总样本的22.68%，超过1/5，因此未来需要进一步加强这些企业的诚信建设，提升这些企业的诚信生产（服务）经营水平。

表2 北京市非公有制企业诚信生产（服务）经营指数分布

单位：家，%

指数分布	企业数量	百分比	累计百分比	等级
22.5分以上	40	20.62	20.62	AAAAA
21.3~22.4分	53	27.32	47.94	AAAAA
18.8~21.2分	24	12.37	60.31	AAAA
16.3~18.7分	8	4.12	64.43	AAA
13.8~16.2分	25	12.89	77.32	AA
13.8分以下	44	22.68	100	A
总　计	194	100	100	—

为深入了解北京市非公有制企业诚信生产（服务）经营这一评估维度，需要进一步选取五个关键指标衡量企业诚信，指标分别是"企业和解消费纠纷率"、"法定代表人信用情况"、"信用评价等级"、"各类业务合同履约

率"以及"已缴纳税款数",每个评估指标设置为 5 分,下文将对上述指标进行详细阐述。

一 企业和解消费纠纷率

企业消费纠纷是指消费者在购买、使用商品和接受服务过程中与企业经营者发生的消费权益争议。当今社会,解决消费纠纷这一矛盾从大的方面讲只有两种形式:一是消费纠纷产生后,消费者找到生产经营者,结果是纠纷在两个当事人之间得到解决,这一形式,我国的消费者权益保护法中定义为"和解";二是消费纠纷产生后,消费者通过"第三人"来解决消费纠纷,这个第三人可以是类似于我国的消协组织,甚至于"村级投诉站"、"12315维权联络站"、政府设立的专门机构、官员、仲裁组织、法院等,这一形式,我国的消费者权益保护法中将其定义为"调解、仲裁、判决"。

这两种不同形式的矛盾解决方法可以产生两种不同的社会效应,一种是两个当事人之间的纠纷和解过程是一个以礼明理、相互谅解的过程,从而建立起相互信任的和谐消费关系;另一种纠纷的解决是由第三人调解、仲裁或判决来达到的,当事人之间缺少相互沟通、相互谅解这一过程,或者未能通过相互沟通,相互谅解达成一致,双方的心情是难以舒畅的,从而也难以建立相互信任的和谐消费关系。

消费是整个社会最普遍的现象,如果没有消费关系的和谐,就不可能有整个社会关系的和谐,因此,和解在消费纠纷解决的诸多形式中所体现的重要性、意义可见一斑。对此,消费者权益保护法也把"与经营者协商和解"列为解决消费纠纷的五个途径之首。

专栏2

北京华江文化发展有限公司

北京华江文化发展有限公司成立于 2003 年 4 月 7 日,以国际知名体育、文化品牌的授权衍生品特许经营为主营业务,核心业务领域涉及体育、旅游、高端定制服务等。

供应商和客户是公司的重要合作伙伴，公司秉承"坚守合作共赢"的企业文化，与供应商和客户建立了合作共赢的战略合作伙伴关系，与之保持长期良好的合作关系，充分尊重并保护供应商和客户的合法权益，并通过不断提升产品品质和服务质量，为消费者提供安全的产品和优质的服务，保障消费者合法权益。

首先，制定标准化采购管理制度，加强对供应商的管理与业务合作，保护供应商的合法权益。公司制定了《采购管理办法》，明确了各项物资采购的工作流程、工作标准和管理规范。依照公司采购管理制度，所有采购人员严格按照"公开、公正、公平、忠诚、务实、高效"的原则开展采购业务，树立清风正气，推行公开招标，实行阳光采购，杜绝徇私舞弊、暗箱操作、商业贿赂等不正当交易，切实保障公司和供应商的合法权益，维护良好的交易环境，保证业务操作公平和规范。建立上下游供应链管理，确保合作伙伴共同发展。企业建立供应商管理标准，每年召开一次供应商大会，加强供应商沟通，建立上下游供应链管理，提高采购效能，确保产品质量。

其次，明确客户管理标准。对渠道客户安全库存、资金实力等标准进一步明确，形成统一的客户开发标准；对终端客户进行标准化分类，进行路线优化，执行差异化销售动作。加强对经销商的管理与业务合作，保护客户的合法权益。为维护客户的经营利益，本着平等互利、诚实守信的原则，公司与供应商之间签订多项管理规范或协议，约束不规范行为，明确双方的权利义务，保证公平对待供应商、经销商，保护所有客户的合法权益。

最后，加强产品质量管理，确保消费者合法权益。为确保产品质量和食品安全，公司采取多项措施。一是把"产品质量无小事"作为产品质量安全管理理念，引入 ISO 9001 质量管理体系，通过执行严格的质量标准，采取细致入微的质量控制措施，提升产品品质和服务质量。公司在原料采购、生产过程、产品存放、产品出厂、产品运输、产品销售各个环节都设立关键控制点，进行严格的质量检验和监控，严把工艺管理，确保产品的高品质。二是完善产品质量管理体系，公司制定了相关产品质量控制制度，建立了从采购到交付的全流程把控制度。三是不断通过产品创新为供应商提出更高的工艺制造要求，共同提升、不断创新。四是建立完善的售后服务体系，快速、及时对消费者、客户投诉和反映的问题进行调查处理，并将相关信息及时反馈到生产、技术和品质管理部门，促进管理，加强控制，提高产品质量，确保食品安全，提高消费者、客户的满意度。

此外，协商和解方式具有简便、高效、经济的特点，在实际生活中应用最为普遍，如果这种方式被接受，消费者的合法权益将会受到保护，同时经营者在利润和商誉上也不会受到损害，而且程序简单、节省时间和精力。按经济学原理，如果消费者花费尽可能少的时间、精力和金钱，其权益就得到完整的保护，那么这种资源配置就是有效益的，消费者权益就得到了最优化的保护。所以，消费纠纷解决制度的价值取向应是"花最少的钱办最大的事"，即更多地通过协商和解的方式解决纠纷。但目前由于市场较为混乱、信用缺失等问题较为突出，企业经营者自律性较差，消费者和经营者的利益严重对立，和解的成功率较低。因此，将"企业和解消费纠纷率"作为一项企业社会责任评估的指标具有十分重要的意义。

我们调研了北京市非公有制企业在 2014 年和 2015 年的"企业和解消费纠纷率"，数据经过了相关部门的核实。总体上，共有 159 家企业对该指标的回应是有效的，表 3 列示了这 159 家非公有制企业"企业和解消费纠纷率"的描述性统计结果。观察表 3 可以发现，北京市非公有制企业"企业和解消费纠纷率"的平均值为 99%，该指标的标准差为 4.15%，表明不同非公有制企业在该指标上差异较小。最值的表现为：该指标的最小值为 80%，最大值为 100%。

表3　北京市非公有制企业"企业和解消费纠纷率"的描述性统计结果

单位：家，%

样本数	企业和解消费纠纷率			
	平均值	标准差	最大值	最小值
159	99	4.15	100	80

进一步探究北京市非公有制企业在"企业和解消费纠纷率"的分布情况，我们发现，处于90%~100%区间的样本数量非常多，共计153家，占有效样本的比例为96.2%；而处于90%以下区间的样本数仅为6家，表明本次调研企业具有较高的"企业和解消费纠纷率"，为维护消费者利益做出了重要贡献。对于尚存在的3.8%的非公有制企业"企业和解消费纠纷率"较低的情况，政府与相关部门需要进一步对这些企业进行动员，鼓励它们为保障消费者权益做出努力。

制定和完善有关强化企业诚信及社会责任的法规，严格执法，加大违法打击力度。企业经营中的诚信缺失问题，有些已上升到法律层面。目前企业不诚信的经营行为已经危害到了整个社会经济运行和安全，不用重典、姑息养奸将后患无穷。因此，必须把企业必须承担的诚信责任和社会责任等写入相关法律，同时制定企业履行社会责任的地方法规，以员工待遇、安全卫生、环境保护、劳动保障等为主要内容，使企业履行社会责任逐步法制化。政府应严格执法，加大打击的力度，特别是对于制假售假，恶意欠债逃债，严重坑害消费者的利益、其他企业利益和国家利益的责任人，要严加制裁和惩处，引导企业转变经营理念，积极履行社会责任。

充分发挥社会各界对企业诚信经营及履行社会责任的监督、督促作用，如新闻媒体应加大对违反《劳动法》《安全生产法》《环境保护法》等法律、虐待员工、非法生产经营、制售假冒伪劣产品、坑害消费者利益、拒不承担社会责任的企业的曝光力度。消费者协会要鼓励和倡导消费者使用优秀企业产品，抵制缺乏社会责任的企业的产品。工会应当为维护员工权益，积极与企业进行协商，促使企业劳资双方平等协商，创建和谐的劳资关系。加强社会各界对企业承担社会责任的约束和监督，形成与法律监督相对应的社会公众监督体系。通过法律监督、舆论监督和公众监督，形成全社会的监督氛围，促使企业成为履行社会责任的社会组织。

二 法定代表人信用情况

"信用"有广义和狭义之分。广义的"信用"是指参与社会活动的行为人之间建立起来的以诚实守信为基础的履约能力，即我们通常所说的"讲信用""守信誉""一诺千金"。现代市场经济条件下所指的狭义"信用"，则是指授信方在特定时间内所做的付款或还款承诺的兑现能力（也包括对各类经济合同的履约能力）。所谓"法人信用"，是指从一个客户（企业或社会组织）的合法性角度对其进行的基本签约资格或履约能力的考察。

信用信息是指反映或描述信用主体信用状况的相关数据和资料等。我们认为，在社会活动或经济交易过程中，身份信息、能力信息、行为信息和历史信息等构成了法人纵横交错的全维度信用状况。[1]

1.身份信息

法人身份信息是指能识别法人身份的信息。除统一社会信用代码制度外，身份信息还包括法人在注册登记机关登记形成的信息，主要有三类：一是注册设立信息，如企业单位、事业单位、社会组织分别在工商部门、编制部门和民政部门注册登记的信息；二是组织机构代码，由质监部门统一颁发，解决法人注册登记部门不同、主体标识不统一的难题；三是税务登记信息，指法人按照国家要求进行纳税登记的信息。

2.能力信息

法人能力信息是指法人具备履行承诺的基本素质信息。分为综合能力、财务能力、人力资本能力和资质资格等。综合能力信息主要指注册资本、股东、分支机构、业务范围、营业规模、商誉评价等表示法人综合素质的信息。财务能力信息指资产负债、损益和现金流量等与财务状况相关的信息。人力资本能力信息包括员工规模、资质资格状况等信息，以及与高级管理人员履职相关的信息。资质资格信息指法人获得的专项许可、认证等方面信息。

3.行为信息

法人行为信息是指由行政司法机关、金融机构、社会公众、交易对手记录的法人守信或失信活动的信息。行为信息按照记录主体不同分为公共行为

---

① 卢盛羽：《法人和其他组织信用信息分类分级初探》，《征信》2015年第1期。

信息、金融信息、社会行为信息和市场行为信息。

4. 历史信息

法人历史信息是指法人在过去一定时间段的信息变更情况。按照记录主体可分为工商登记信息变更、组织机构代码登记变更、税务登记变更、海关注册信息变更等信息。按照信息内容分，可分为公司名称变更、地址变更、股东变更、注册资本变更、法人代表/主要负责人变更、注册号变更等信息。

企业信用的好坏，在很大程度上取决于法人代表的信用观念。因此必须从增强企业法人代表的信用观念入手，帮助他们提高重信用的自觉性，使之认识到，恪守信用就会树立自己企业的良好形象，就为企业的成功奠定坚实的基础。

专栏3

北京绿伞化学股份有限公司

北京绿伞化学股份有限公司是专门生产销售洗涤用品的企业，公司一贯坚持诚信待人、质优价廉、顾客至上的原则，在严格执行洗涤用品国家标准、行业标准的基础上，为消费者提供合格的产品。

绿伞公司始终高度重视商业信誉和信用管理工作，具有很高的信用意识和管理水平。公司建立健全了信用管理制度并严抓落实措施。公司的信用管理机构是合同管理委员会，并制定有《公司合同管理制度》。合同管理委员会主任由公司法定代表人兼任，合同管理委员会成员包括公司各职能部门负责人，并由主管办公室的副总经理负责日常信用管理工作。公司合同文本全部使用北京市工商局制作的合同示范文本和工作台账或合法使用合同格式条款，并认真执行。在订立、变更及终止合同过程中符合法律、法规的规定，同时在履行合同过程中遵守诚实信用的原则。2015年，营销中心全国签订63份合同，对每份合同进行了评审，产品要求评审率为100%，合同签订金额为5374万元。对顾客满意度调查的策划，进行了重新调整，93.4%的内容涉及产品质量和市场管理。行政部签署合同23份，履约率也达到100%。

在学习《中华人民共和国合同法》的基础上，严抓管理人员和业务人员的执行落实工作，把工作重点放在委托代理人的签约质量上。合同签订后，如实履行合同条款，2013年、2014年、2015年合同的履约率为100%。

公司建立了《经济合同管理制度》，每年自查审定一次，并同时执行ISO 9001质量体系有关面向顾客的质量控制文件。认真执行，没有侵害消费者权益和行为，并积极兑现向广大消费者的承诺，依法解决消费者投诉。近两年企业和解消费纠纷率达到100%。

公司在生产经营活动中遵纪守法，没有违反工商、物价、税收、质监等法律法规行为，无失信违法行为。

公司在金融活动中银行信用良好，按时归还贷款、利息，无逾期贷款。公司法定代表人魏建华女士2011年当选为海淀区第八届区政协提案与建言献策先进个人，同年当选为海淀区政协第九届参政议政委员。2015年1月魏建华被北京市企业评价中心评为"2014年度诚信建设优秀推动者"。

我们调研了北京市非公有制企业在2014年和2015年的"法定代表人信用情况"，总分为5分，数据经过了相关部门的核实。总体上，共有166家企业对该指标的回应是有效的，表4列示了这166家非公有制企业"法定代表人信用情况"的描述性统计结果。观察表4可以发现，北京市非公有制企业"法定代表人信用情况"的平均值为4.4，该指标的标准差为1.22，表明不同非公有制企业在该指标上差异较小。最值的表现为：该指标的最小值为1，最大值为5。

表4 北京市非公有制企业"法定代表人信用情况"的描述性统计结果

单位：家

样本数	法定代表人信用情况			
	平均值	标准差	最大值	最小值
166	4.4	1.22	5	1

进一步探究北京市非公有制企业在"法定代表人信用情况"的分布情况（见表5），我们发现，信用状况为良（及以上）的企业共计134家，占

有效样本的比例为 80.7%；而处于良以下的样本数为 32 家，占有效样本的比例为 19.3%。

表5　北京市非公有制企业"法定代表人信用情况"划分结果

单位：家

评估指标	良（及以上）	良以下
法定代表人信用情况	134	32

虽然绝大多数调研企业"法定代表人信用情况"良好，但仍存在将近1/5 的企业"法定代表人信用情况"不佳，因此，相关部门应进一步加强对各企业此项指标的监督。

中国企业调查系统的调查表明，96% 的调查对象认为，企业诚信问题与主要负责人的人品、操守、道德直接有关。企业主遵纪守法、诚实经营，可以带好一班人，可以在企业中形成良好的道德氛围，可以给全体员工产生榜样的力量。企业主不诚实、追名逐利，就会把企业引上邪路。如美国的安然、安达信、世界通信等。因此，企业家必须充分认识企业与社会的关系，理解企业社会责任与构建和谐社会的关系，理解企业经济责任与社会责任的关系，才能树立正确的企业责任观，增强社会责任使命感。

三　信用评价等级

企业信用评价是企业信用体系建设的一项重要工作，对树立企业自身形象，推动企业自律，保障企业健康发展，促进社会信用体系建设有重要作用。2006 年 6 月，为贯彻落实《商会协会行业信用建设工作指导意见》（整规办发〔2005〕29 号，以下简称《指导意见》）精神，按照《开展行业信用评价试点工作实施办法》（整规办发〔2006〕12 号，以下简称《实施办法》）的规定，全国整顿和规范市场经济秩序领导小组办公室（以下简称全国整规办）和国务院国有资产监督管理委员会（以下简称国资委）开展了首批行业信用评价试点工作。2007年，全国整规办和国资委组织专家对提出申请的商会协会试点方案进行了评审和论证，并公布了44家首批试点单位。此后，针对商会协会以及企业信用评价工作陆续进行。

企业信用评价管理应保证评价指标的科学性和信息来源的准确性，具体表现为以下几方面。

（1）指标体系应尽可能完整。信用评价的指标体系应包括反映企业综合素质、财务能力、管理水平、竞争力状况以及社会信用记录等方面的内容。指标的权重分布应充分体现行业特点，并突出信用评价因素，保证信用评价的科学性和准确性。商会协会在评价前进行的资质评定等评价活动的结果，可以纳入指标体系。

（2）增强指标体系的可操作性和客观性。具体指标要用准确数量表示，尽可能利用企业现有的统计资料。每个指标的变动区间都应对应准确的评分标准，尽量减少自由裁量权。必须依据自由裁量评定分数的，要通过集体会商确定。

（3）保证申报信息真实可靠。对企业申报信息，要通过实地调查、初评结果公示、接受举报投诉等方式进行核查。除自行申报的信息外，还应当与交易关联方信息、消费者反映、部门监管信息等进行比对。

为扩大行业信用评价的社会影响，企业信用评价实行"三统一"。

（1）统一信用等级标准。企业信用等级统一划分为AAA、AA、A、B、C三等五级。各商会协会可根据行业特点和评定工作的需要，将B、C两等扩展为BBB、BB、B、CCC、CC、C六级，还可对每个信用级别用"＋""－"进行微调，表示略高或略低于本等级。其中AAA级表示企业信用等级很好；AA级表示企业信用等级好；A级表示企业信用等级较好；B级表示企业信用等级一般；C级表示企业信用等级较差。

（2）统一行业信用评价的名称、证书和标牌。评价工作统一定名为"企业信用等级评价"，对企业的评价结果统一称为"企业信用评价级信用企业"，评价单位为各商会协会。信用等级的证书和标牌由全国整规办和国资委统一设计样式，统一编号，由各商会协会自行制作。

专栏4

北京市千叶珠宝股份有限公司

北京市千叶珠宝股份有限公司，在北京市工商局东城分局正式批准注册，历经十余年的发展，公司总部办公场所及销售营业场所共计13550平方米，全部拥有符合国家标准的产权证明及租赁协议书，严格遵守国家财务制度，依法纳税，2015年实现销售收入11.13亿元，年纳税额8291.1万元；2016年销售收入7.88亿元，年纳税额达到5271.23万元。

多年来，千叶珠宝秉持顾客至上的原则，遵纪守法，诚信经营，力争社会信誉与经济效益齐头并进，深知企业要发展，离不开社会的支持，离不开公众的认可，更离不开自身的诚实守信。

诚信是企业经营的一种资本，是企业发展的无形推动力，对企业的长远发展具有巨大的促进作用，建立诚信品牌是千叶公司追求的永恒目标，随着时代的发展，品牌的影响力已不容忽视，而品牌的建立基础是诚信。因此，千叶公司一直依靠诚信经营，树立企业良好形象，进而提升企业竞争能力已成为企业发展所必须具备的前提条件。千叶公司的诚信，包括对顾客的诚信、对员工的诚信、对合作伙伴的诚信。

十余年来，千叶公司荣获了"中国品牌500强""中国企业成长百强"等荣誉称号。企业和解消费纠纷率100%，法定代表人信用情况良好，各类业务合同履约率100%，2014年被中国商业联合会授予全国诚信兴商双优示范单位。

（3）统一有效期限。评价结果有效期限统一定为三年。企业申请上一级信用等级的，不受有效期限制。商会协会可在有效期内对企业每年进行一次复查。复查应采用简单有效的方法，不给企业增加负担。复查合格者继续享有原信用等级，不合格者要相应下调，并在一定范围内公布。有效期满后企业须重新申请参加信用评价。

企业信用评价，是对企业履行商业合约和社会责任的能力和意愿进行的综合评价。信用等级能够反映企业的整体信用状况，为交易伙伴提供决策参考依据，帮助诚信企业获得更多的商业机会，是企业宝贵的无形资产。

我们调研了194家北京市非公有制企业在2014年和2015年的"信用评价等级"，信息经过了相关部门的核实。总体上，共有159家企业对该指标的回应是有效的，表6列示了这159家非公有制企业"信用评价等级"的描述性统计结果。观察表6可以发现，北京市非公有制企业"信用评价等级"的平均值为4.1，该指标的标准差为1.41，表明不同非公有制企业在该指标上差异较小。最值的表现为：该指标的最小值为1，最大值为5。

表6 北京市非公有制企业"信用评价等级"的描述性统计结果

单位：家

样本数	信用评价等级			
	平均值	标准差	最大值	最小值
159	4.1	1.41	5	1

就信息有效的159家非公有制企业数据来看，信用评价等级AAA级企业有39家，占总数比例24.5%；AA级企业15家，占比9.4%；A级企业41家，占比25.8%，B级企业40家，占比25.2%；C级企业24家，占比15.1%（见表7）。

表7 北京市非公有制企业"信用评价等级"划分结果

单位：家

评估指标	AAA	AA	A	B	C
信用评价等级	39	15	41	40	24

分析表7我们可以发现，由于信用评价等级AAA级企业占有效样本数的比例不到25%，AA级企业不到10%，A级以上（含A级）企业占比不到60%，因此企业信用体系建设亟待进一步提升。此外，在本次选取的194家北京市非公有制企业中，尚有35家企业（占总样本比例18%）未明确信

用评价等级，可见在今后的工作中，有关部门应敦促企业进一步落实企业信用评价工作，加强企业监管力度。

建立社会化诚信监管体系，建立企业诚信档案，为相关企业提供咨询服务，减少企业投资经营风险，敦促企业诚实经营。主要是借鉴西方发达国家诚信管理的先进经验，建立包括企业诚信管理体系、资信评估体系等内容在内的社会化诚信管理体系。

出台强制性诚信数据收集政策，综合集成工商、财政、银行、质检、审计、司法等部门的信息，建立技术先进实用，数据权威可靠、覆盖面广、更新及时的企业公共信息数据库。

制定市场准入机制、失信约束和惩罚机制、诚信评估机制，完善符合市场规律的诚信体系"游戏规则"，用信息化手段加强诚信的监督与管理，让企业的诚信状况一目了然，使金融机构贷款有据可查，有规可循。

四 各类业务合同履约率

合同履约率也称合同完成百分数，是指实际交货额与合同规定货额之比。它是用来反映企业合同履行情况的重要指标。企业间诚信关系的建设，重点体现在重合同、守信用上。目前，我国企业面临两大困扰。

（1）不良债务、不良担保的困扰。有资料显示，我国企业80%以上长期受"三角债"困扰。据国家专业机构统计分析，在发达的市场经济中，企业间的逾期应收款占贸易总额的0.25%～0.5%，而我国这一比率高达5%以上，且呈逐年增长趋势。

（2）因诚信而引发的合同纠纷困扰。数据显示，近几年来合同交易只占整个经济交易量的30%，更多的中小企业往往在这方面掉以轻心，仅仅靠口头约定来进行交易。不过，在签订了书面合同的交易中，情况也不尽如人意。据工商部门不完全统计，目前我国每年订立的经济合同大约有40亿份，而合同履约率只有50%左右，有些地区的履约率甚至在30%左右。换言之，在我国签署的贸易合同中，有一半没有履行。

专栏5

北京天恒建设工程有限公司

北京天恒建设工程有限公司成立于1956年。公司在60年的发展历程中，始终专注于工业与民用建筑施工领域的事业。先后承建了中国航天标准大厦、北京市民政局救助站、十一学校亦庄校区、同仁堂生产基地、北京新机场安置房等多个保障房项目等重大工程。公司拥有完善的管理体系，目前持有ISO 9001质量管理体系认证、ISO 14001环境管理体系认证、GB/T 28001职业健康安全管理体系认证证书，确保了产品质量、作业环境及生产安全。

天恒建设始终执行国家法律法规和政策方针，市场行为规范，坚持公平竞争，信守合同，维护行业信誉，注重职业道德建设，自觉抵制商业贿赂，为业主提供最优质的服务，在行业内拥有良好的口碑，得到了其他同业者的认可。

天恒建设始终坚持八大理念：

（1）品牌理念：业绩靠成绩积累，品牌靠行动塑造；

（2）质量理念：持续提高产品质量和服务质量；

（3）环境理念：努力营造绿色施工环境；

（4）合作理念：诚信合作是天恒建设健康成长的保障；

（5）社会理念：天恒建设是社会生活中的健康一员；

（6）发展理念：每天有变化，每月有进步，每年有发展；

（7）服务理念：服务是产品，服务是品牌，服务是责任；

（8）人才理念：员工是天恒建设的核心资源，公司充分尊重每一位员工，努力为每位员工提供发展机遇，力争使每位员工在公司的团队中充分体现自身价值，为业主创造价值、为项目创造效益。

目前，天恒建设无消费纠纷，法人信誉状况良好，各类合同基本履约。

公司坚守"诚信、敬业、追求、创新"的企业精神，努力建设精品工程和承担社会责任。先后获得了国家优质工程奖、国家级"AAA级安全文明标准化工地"、詹天佑金奖及北京市长城杯等多种奖项。

1979～1999 年，全国法院年均审结经济纠纷案件 77.41 万件，2002～2008 年年均 237.07 万件，2009 年审结合同类案件 315.4 万件，同比上升 8.6%，上升趋势非常明显。我国目前整体诉讼案件 90% 是民事案件，占比重最大的就是合同案件，说明我国市场交易中合同不诚信的问题非常突出。①

由于诚信缺失，为数众多的企业蒙受巨大损失。据商务部的统计，我国企业每年因信用缺失导致的直接和间接经济损失高达 6000 亿元。在征信成本太高，而失信又几乎没什么成本的情况下，违约、造假、欺诈的故事几乎每天都在上演。巨额的信用成本，如同扼住企业喉咙的那只手，在残酷地剥夺着中国企业尤其是中小企业本就狭小的生存空间。

不履行合同、不信守信用的状况已经严重影响我国经济发展的环境和秩序，成为影响可持续发展的重要因素。因此，要把重合同、守信用作为企业诚信建设的突破口来抓。要切实敦促企业遵守《合同法》，建立企业间的诚信环境，建设企业信用有效管理体系，在全社会形成诚实守信的舆论和道德氛围。

此外，要推进企业家、企业管理者与员工诚信关系的建设。企业家、企业管理者与员工诚信关系建设的重点是认真贯彻相关法律、法规，尊重维护员工合法权益。企业家及管理者应坚持以人为本的理念，对员工言而有信，爱护有加，充分发挥员工在生产劳动和企业管理中的积极作用，满足员工合理合法的经济、政治、文化和健康需求。

当前，应把认真执行国家劳动合同法、依法规范建立企业和员工的劳动关系、依法维护职工合法权益等作为企业诚信建设的起点和重点。要把企业与员工的诚信关系作为重要内容列入企业信用评估体系。要重视发挥工会在建立企业内部和谐关系和推进企业文化建设中的重要作用。

我们调研了 194 家北京市非公有制企业在 2014 年和 2015 年的"各类业务合同履约率"，数据经过了相关部门的核实。总体上，共有 165 家企业对该指标的回应是有效的，占比 85.1%。表 8 列示了这 165 家非公有制企业

---

① 中国网络电视台，http://jingji.cntv.cn/20110504/110446.shtml。

"各类业务合同履约率"的描述性统计结果。观察表8可以发现，北京市非公有制企业"各类业务合同履约率"的平均值为99%，该指标的标准差为2.9%，表明不同非公有制企业在该指标上差异较小。最值的表现为：该指标的最小值为80%，最大值为100%。

表8 北京市非公有制企业"各类业务合同履约率"的描述性统计结果

单位：家，%

样本数	各类业务合同履约率			
	平均值	标准差	最大值	最小值
165	99	2.9	100	80

进一步探究北京市非公有制企业在"各类业务合同履约率"的分布情况，我们发现，处于90%~100%区间的样本数非常多，共计162家，占有效样本的比例为98.2%；而处于90%以下区间的样本数仅为3家，表明本次调研企业具有较高的"各类业务合同履约率"，为维护商业秩序做出了重要贡献。对于尚存在的1.8%的非公有制企业"各类业务合同履约率"较低的情况，政府同相关部门需要进一步加强这些企业的商业诚信监督力度。

五　已缴纳税款数

税款缴纳是指纳税人、扣缴义务人依照国家法律、行政法规的规定实现的税款依法通过不同方式缴纳入库的过程。纳税人、扣缴义务人应按税法规定的期限及时足额缴纳应纳税款，以完全彻底地履行应尽的纳税义务。

纳税信用是指纳税人依法履行纳税义务，并被社会所普遍认可的一种信用，是社会信用体系建设的重要内容之一。

在市场经济条件下，完善的税收机制，既要有外在的税收法律体系进行约束，也要以诚实守信这一道德标准作为行为准则。北京市地税局正是在这种情况下于2003年2月下发了《北京市地方税务局纳税信誉等级评定实施办法（试行）》，并于 2003 年底在全市范围内推行实施了纳税信誉 A 级企业的评定，部分区县局试行 B、C 级企业的评定治理工作。评定内容包括纳税人申请被受理之日向前推算，连续两年的税务登记、纳税申报、税款征收、税务检查、发票治理、账簿治理，以及相关行政执法部门对纳税人社会诚信的评价。

对认定的 A、B、C 级纳税信誉企业实行不同的治理模式。针对纳税信誉良好的 A 级企业采取预约上门咨询、简化发票购领程序的措施，提供满足其需求的个性化服务，规定除专案、涉税举报等情况外，两年内免除税务检查；针对纳税信誉一般的 B 级企业，进行常规检查和治理，重点加强日常政策的辅导和咨询，帮助企业提升纳税信誉等级；针对纳税信誉不良的 C 级企业，将其列为税务检查重点对象，限量供给其领购发票并严格各项审核程序等。

专栏 6

恺王科技（北京）有限公司

恺王科技（北京）有限公司是一家集研发、制造、销售、商务于一体的中国服装百强企业。近年来，恺王与国际服装界紧密合作，完成传统服装到时尚产业的整体升级。

在质量管理体系方面，坚持高设计含量、高品质工艺、高品牌价值的经营策略，有效保障产品的精工品质。企业全部建立了完善的质量管理体系及环境管理体系，均通过了 ISO 9000 质量管理体系认证及 ISO 1400 环境管理体系认证。公司建立了信息化的质量控制和管理平台，积极引领企业以产品和服务质量提升企业绩效的发展观念。

在质量基础管理方面，公司所用原辅料采购入库前均首先通过了北京纤维检测所、国家纺织服装检测中心（天津）的质检，合格率达到 100% 方能入库。从源头把控质量关。

在参与质检活动方面，公司每年积极参加市区质监局、工商局、经信委、商务委，北京质量协会、市消协、服装纺织行业协会组织的服装纺织产品质量提升工作,成果显著。在每年由北京市消费者协会组织的3·15活动中,产品比较试验均为合格。公司在由中国服装协会组织的质量检验及评优工作中,恺王牌衬衫、夹克、西服均连续多年评为"优等品",由于连续六年"优等品",企业被评为"质量管理先进单位"。

在客户满意度方面,公司为客户提供产品及服务的同时,不断了解客户期望值等要素。经过多年的商场经营发展,形成具有自身特点的客户满意度调查问卷模板,通过科学调取客户样本,并经过多次测评比分析,生成结果代码及样板分析,并通过多次测评归集,生成定期性对比分析报告,实时掌握客户期望值的变化情况,并根据结果分析,持续改善公司客户服务水平及质量。

在诚信纳税方面,始终秉承"依法诚信纳税"理念,依法把守法经营、依法纳税作为企业生产经营活动的"生命线",牢固树立依法诚信纳税理念,认真履行纳税义务,争做诚信纳税模范,以良好的纳税信用赢得社会的尊重。企业扩张期遇到经营资金紧张时,公司领导要求首先确保税款的优先到位,努力做到规范账务、熟知税法、正确计税、如实申报。企业被评为工商联纳税先进单位,2014年、2015年纳税信用A级企业。

依法诚信纳税是企业信用的最好体现,也是企业最好的市场名片。广大纳税人要以诚信纳税人为榜样,把守法经营、依法纳税作为企业生产经营活动的"生命线",牢固树立依法诚信纳税理念,认真履行纳税义务,争做诚信纳税模范,以良好的纳税信用赢得社会的尊重。

我们调研了194家北京市非公有制企业在2014年和2015年的"已缴纳税款数",数据经过了相关部门的核实。总体上,共有171家企业对该指标的回应是有效的,占比88.1%。表9列示了这171家非公有制企业"已缴纳税款数"的描述性统计结果。观察表9可以发现,北京市非公有制企业"已缴纳税款数"的平均值为3.3,该指标的标准差为1.51,较前述两个指标而言标准差稍大。最值的表现为:该指标的最小值为1,最大值为5。

表9 北京市非公有制企业"已缴纳税款数"的描述性统计结果

单位：家

样本数	已缴纳税款数			
	平均值	标准差	最大值	最小值
171	3.3	1.51	5	1

上述指标按照缴纳税款额度大小进行了处理，但对于有效样本171家企业而言，均按时缴纳税款，故此项指标企业均表现良好。

B.4
北京市非公有制企业维护国家利益情况

摘　要：　课题组调研了 194 家北京市非公有制企业于 2014 年和 2015 年在维护国家利益方面的表现情况，发现总体上样本企业在该方面的社会责任履行较好，分数在 19.3 分以上的企业占 67.01%。具体地，在保障就业方面，近一半企业具有较高的就业贡献率；在纳税方面，大多数企业为税收增长做出了贡献；在解决残疾员工就业方面，大多数企业的残疾员工比例并不高；在完成环保重点任务方面，大部分企业均有效完成了相关任务；在节约资源方面，大多数企业的人均水消费量和人均能源消耗量都较低；在慈善捐助方面，多数企业的慈善捐助占利润比例仍较低。

关键词：　维护国家利益　就业　纳税　环境保护　慈善捐助

　　课题组调研了 194 家北京市非公有制企业于 2014 年和 2015 年在维护国家利益方面的表现情况，并邀请专家进行评鉴打分。在维护国家利益维度上，总分设置为 35 分。表 1 列示了该维度得分的分布情况。分析表 1 可以发现，维护国家利益维度得分的最大值为 35，样本企业平均值为 20.6，标准差为 10.2。总体上，样本企业在该维度上的得分差异较大。

表 1　北京市非公有制企业维护国家利益得分的描述性统计结果

单位：家

样本数	维护国家利益			
	平均值	标准差	最小值	最大值
194	20.6	10.2	1	35

我们还分析了该维度得分的分布情况，结果如表2所示。从分布情况来看，总体上，北京市非公有制企业在维护国家利益方面的社会责任履行较好。其中，67.01%的样本企业在该维度上的得分高于19.3分，更有57.73%的样本企业得分在22.8分以上。具体来看，维护国家利益5A级的样本企业有41家，占总样本的21.13%；4A级样本企业有34家，占总样本的17.53%；3A级样本企业有37家，占总样本的19.07%；2A级样本企业有18家，占总样本的9.28%；A级样本企业有64家，占总样本的32.99%。

表2 北京市非公有制企业维护国家利益得分的分布情况

单位：家，%

得分分布	企业数量	百分比	累计百分比	等级
31.5分以上	11	5.67	5.67	AAAAA
29.8~31.4分	30	15.46	21.13	AAAAA
26.3~29.7分	34	17.53	38.66	AAAA
22.8~26.2分	37	19.07	57.73	AAA
19.3~22.7分	18	9.28	67.01	AA
19.3分以下	64	32.99	100	A
总　计	194	100	100	—

维护国家利益得分是通过就业贡献率、年纳税增长率、残疾员工比例、环保重点任务完成情况、人均水消费量、人均能源消耗量及慈善捐助情况等7个具体指标的取值计算得出的。因此，本部分具体描述北京市非公有制企业在维护国家利益各指标上的取值情况及典型案例，并针对各指标具体表现提出改进建议，从而促进北京市非公有制企业在维护国家利益方面做得更好。

一　就业贡献率

充分保障就业水平对于维护社会稳定具有重要意义。一些研究指出，为了解决就业问题，政府会要求国有企业雇用更多的员工。这样，企业将会面临两种压力，一是来自市场上竞争对手的压力，二是来自政府要求其保持一定就业水平的压力[①]。其实，对于非公有制企业而言，它们也是如此，保持一定的就业水平是政府对它们的期待，同时也是它们应当承担的一种社会责任。

为此，我们调研了北京市非公有制企业 2014 年和 2015 年两年的就业贡献率，数据经过了相关部门的核实。总体上，共有 76 家企业对该指标的回答是有效的，表 3 列示了这 76 家样本企业就业贡献率的描述性统计结果。观察表 3 可以发现，北京市非公有制企业就业贡献率的平均值为 61.9%。该指标的标准差为 40.2%，表明不同企业在该指标上存在较大的差异。最值的表现也证明了这一点，该指标的最小值为 1.0%，最大值为 100%。

表 3   北京市非公有制企业就业贡献率的描述性统计结果

单位：家，%

样本数	就业贡献率			
	平均值	标准差	最小值	最大值
76	61.9	40.2	1.0	100

为了进一步探究样本企业在就业贡献率上的分布情况，我们划分了四个该指标的取值区间，即以 25%、50% 及 75% 作为分界点，分析不同指标取值区间上的样本数量及比例，结果如表 4 和图 1 所示。可以发现，处在 25% ~75% 区间的样本量较少，总计有 12 家企业，占有效样本的比例为 15.8%。然而，在两端的两个区间上，即 0~25% 和 75%~100%，存在较多的样本企业，尤其是最后一个区间的样本量最多，有 40 家企业，占有效样本的比例为 52.6%。由此可见，多于一半的企业具有较高的就业贡献率，为保障就业、维护社会稳定做出了重要贡献。然而，尚存在 31.6% 的非公

①　White, R. E., R. E. Hoskisson, D. W. Yiu, and G. D. Bruton, "Employment and Market Innovation in Chinese Business Group Affiliated Firms: The Role of Group Control Systems," *Management and Organization Review*, 2008, 4（2）: 225 –256.

有制企业就业贡献率较低，相关部门需要进一步对这些企业进行动员，鼓励它们为保障就业做出自己的贡献。

表4　北京市非公有制企业就业贡献率的分布情况

单位：家，%

指标取值区间	[0～25%)	[25%～50%)	[50%～75%)	[75%～100%)
样本数	24	7	5	40
占比	31.6	9.2	6.6	52.6

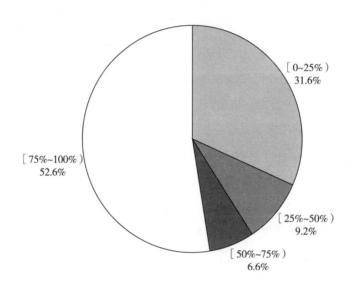

图1　北京市非公有制企业就业贡献率的分布情况

当然，尽管北京市非公有制企业在保障就业方面已经做出了相当大的贡献，但是仍存在一些值得改进的地方。首先，我们注意到尚存在较多的企业就业贡献率处在一个相对较低的区间内，因此要进一步动员、鼓励这些企业为保障就业贡献自己的一份力量。其次，部分非公有制企业已经为保障就业做出了较大贡献，就业贡献率处在相当高的水平。但对于这些企业而言，在保证为员工充分提供就业岗位的同时，还要考虑为不同层次的人才提供发展平台，让他们的知识和技能得到充分利用。

二　年纳税增长率

不论国有企业还是非公有制企业，依法缴纳税收都是它们应尽的义务和责任，是其履行社会责任的体现。

考虑到按照规定缴纳税收是非公有制企业履行社会责任的重要体现，我们调研了北京市非公有制企业2014年和2015年两年的纳税增长率，数据经过了相关部门的核实。总体上，共有143家企业对年纳税增长率指标的回答是有效的，表5列示了样本企业年纳税增长率的描述性统计结果。分析表5可以发现，143家北京市非公有制企业年纳税增长率的平均值为61.1%，表明总体上非公有制企业持续地为税收增长贡献着自己的力量。该指标的标准差为303.1%，最小值为-38.0%，最大值则为3073.0%。由此可见，年纳税增长率这一指标在样本企业中波动较大。其中，一些企业的纳税没有增长反而出现了下降，而另一些企业的纳税则出现了惊人的增长，增长了30多倍。

表5　北京市非公有制企业年纳税增长率的描述性统计结果

单位：家，%

样本数	年纳税增长率			
	平均值	标准差	最小值	最大值
143	61.1	303.1	-38.0	3073.0

我们进一步考察了北京市非公有制企业年纳税增长率这一指标的分布情况。我们以0为分界点，分析了年纳税负增长和年纳税正增长各有多少家样本企业、占比如何，结果如表6和图2所示。可以发现，有24家样本企业的年纳税增长率为负，占样本企业的16.8%。剩余的119家样本企业的纳税都实现了增长，占样本企业的83.2%。由此可见，大多数非公有制企业为税收增长做出了贡献。

表6 北京市非公有制企业年纳税增长率的分布情况

单位：家，%

指标取值区间	0 以下（包含 0）	0 以上
样本数	24	119
占 比	16.8	83.2

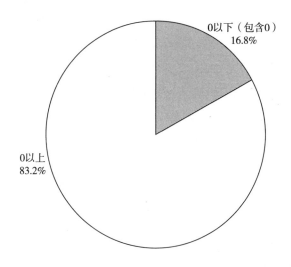

图2 北京市非公有制企业年纳税增长率的分布情况

此外，我们还选取了一些年纳税增长率较高的样本企业在社会责任报告中关于纳税的具体论述，详见专栏1和专栏2。

专栏1

光合（北京）文化创意股份有限公司

公司自成立以来（截至2016年9月），已实现纳税额900余万元，其中2014～2015年纳税增长率达1934.24%，呈逐年上涨趋势，预计至2016年底，可实现纳税额1500万元。

在分析北京市非公有制企业年纳税增长率的总体情况后，我们有针对性地为北京市非公有制企业在缴纳税收方面的社会责任履行提供一些建议。首先，我们注意到部分企业的年纳税数额出现了下滑，当然可能存在多种不同的原因。但是，仍然要鼓励非公有制企业按照法律规定缴纳各项税收，严禁偷税漏税的行为。此外，考虑到非公有制企业与国有企业相比，在资金获取等方面具有一定的劣势，政府可以制定相应的政策适当地减免非公有制企业的税收，从而促进非公有制企业实现长远的发展。

专栏2
北京北方人瑞教育咨询有限公司

公司2015年比2014年纳税环比增长145%，其中增值税增长394%，营业税金及附加减少12%，这部分变动主要在于2014年公司收入主要是派遣收入，国家全面营改增前这部分交纳营业税，2015年公司收入主要为外包类、咨询类收入，已属于营改增范围，主要缴纳增值税，同时个人所得税的增长主要为外包类业务的外包员工由公司代扣代缴个人所得税，从而使个人所得税增长比例达到302%。

参照2016年1~9月公司纳税的情况，预计公司2016年年缴纳税额将达到554.5万元，环比增长43%。其中增值税增长15%，营业税金及附加增长−26%；2016年增值税缴纳金额增长放缓、营业税金及附加增长为负数，主要受益于国家全国营改增后税负的降低，另外，小幅的增长额度也同样说明，公司业务势头发展良好，收入在持续稳定地增加；2016年个人所得税环比2015年增长118%，预计将达到299万元，主要在于外包业务外包人数的持续增长和外包员工薪资水平的提高。

三 残疾员工比例

根据第六次全国人口普查我国总人口数，及第二次全国残疾人抽样调查我国残疾人占全国总人口的比例，中国残疾人联合会推算出至2010年末，我国残疾人总人数 8502 万①。作为一类特殊的群体，残疾人的成长道路上充满了艰难和困苦，他们在发展的道路上付出了异于常人的努力。尊重残疾人的发展权、工作权，给予他们平等的权利与同等的机会，是政府和全社会义不容辞的责任。多年来，政府高度重视残疾人事业，逐渐加大了对残疾人事业的投入力度。残疾人事业是一项公益事业，是一项社会事业，更是一项慈善事业，需要政府和全社会的共同努力和支持。作为企业，为这类特殊群体提供一定的就业岗位是支持残疾人事业的一种具体体现。

鉴于此，我们对北京市非公有制企业在关心关爱残疾人方面所做的贡献进行了分析。我们具体对各企业中残疾员工比例这一指标进行分析，获取了该指标在 2014 年和 2015 年两年的数据，且数据经过了相关部门的核实。总体上，共有 141 家对该指标进行有效回答的非公有制企业，表 7 列示了这些样本企业残疾员工比例的描述性统计结果。分析表 7 可以发现，141 家北京市非公有制企业该指标的平均值为 2.6%。该指标的标准差为 6.2%，说明不同企业由于所处行业、规模等性质不同，解决残疾人就业的程度不同。最值方面，该指标的最小值为 0，即企业没有为残疾人提供就业岗位。最大值为 48.0%，即企业中有接近一半的员工为残疾人士。

表7　北京市非公有制企业残疾员工比例的描述性统计结果

单位：家，%

样本数	残疾员工比例			
	平均值	标准差	最小值	最大值
141	2.6	6.2	0	48.0

我们进一步分析了北京市非公有制企业残疾员工比例这一指标在样本企业中的分布情况。我们以平均值 2.6% 为分界点，统计了低于平均值和高于平均值的样本企业数量及占比，具体结果如表 8 和图 3 所示。可以发现，残疾员工比例在 2.6% 以下的企业有 115 家，所占比例为 81.6%。残疾员工比

---

① 中国残疾人联合会官网，http://www.cdpf.org.cn/。

例超过平均值的企业仅有 26 家，所占比例为 18.4% 。由此可见，大多数样本企业的该项指标并不高。

表 8　北京市非公有制企业残疾员工比例的分布情况

单位：家，%

指标取值区间	平均值以下	平均值以上
样本数	115	26
占　比	81.6	18.4

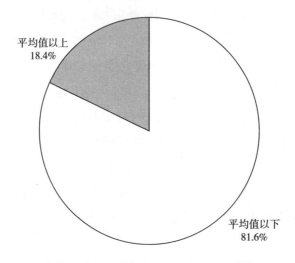

图 3　北京市非公有制企业残疾员工比例的分布情况

我们也选取了一些致力于残疾人事业的样本企业在社会责任报告中关于残疾人工作的具体论述，详见专栏 3 和专栏 4。

专栏 3

北京四海种植专业合作社

四海镇共计残疾人 851 人，其中智力残疾 94 人，肢体残疾 457 人，视力残疾 87 人，多重残疾 45 人，精神残疾 45 人，听力残疾 113 人，言语残疾 10 人，残疾人收入低、竞争力弱、抵御社会风险能力差的状况还没有从根本上改变。特别是重度残疾、老残一体、一户多残家庭的贫困残疾人，仍然是贫中之贫、弱中之弱。北京四海种植专业合作社自2006年开始辐射带动残疾户种植茶用菊花，聘请专家深入田间为残疾户进行菊花种植技术指导，增加菊花产量，使残疾户增收，改善残疾户生活条件。2011年北京四海种植专业合作社正式建立扶贫助残基地，在任志怀的带领下辐射带动四海镇62户残疾人种植茶菊，免费为其提供种苗、肥料、技术、培训等来增加产量，从而带动残疾户增收。

综合我们对北京市非公有制企业残疾员工比例这一指标的分析来看，目前企业在关爱残疾人方面已经较好地履行了社会责任。然而，为残疾人士提供就业岗位只是开始，非公有制企业还应该在引入残疾员工后为他们提供良好的工作条件。例如，当企业中引入的残疾员工达到一定的数量之后，需要制定相应的残疾员工管理制度，对残疾员工的招聘、培训、考核及日常管理等进行详细的规定。此外，还应该为残疾员工提供心理方面的关注与咨询服务，让他们在企业里面有家的感觉。

专栏4

光合（北京）文化创意股份有限公司

就业是民生之本，是残疾人改善生活状况、平等参与社会生活的基础。由于残疾影响和外界障碍，在劳动力市场竞争中，残疾人处于相对劣势的地位，就业较其他人群存在更多的困难和问题。公司积极承担社会责任，依据《残疾人就业条例》，吸纳残疾人就业，让残疾人和正常人一样拥有施展才华的舞台、发挥智慧的空间。未来公司还将提供更多的岗位吸纳残疾人就业，让残疾人与其他人群一道成为经济社会发展的重要力量。

四 环保重点任务完成情况

改革开放以来，中国经济取得了突飞猛进的发展。然而，经济的不断发展也让我们付出了一些代价，比如生态环境开始出现一定程度的恶化。① 近年来，中国的大部分地区开始出现雾霾，严重影响着大家的身体健康。在这一大的背景下，非公有制企业必须为保护生态环境履行一定的社会责任。

因此，我们对北京市非公有制企业在保护生态环境方面的社会责任履行情况进行了调研。具体地，我们收集了样本企业 2014 年和 2015 年两年的关于环保重点任务完成情况的数据，这些数据经过了相关部门的核实。总体上，共有 111 家对该指标进行有效回答的非公有制企业，表 9 和图 4 列示了这些样本企业环保重点任务的完成情况。

表 9　北京市非公有制企业环保重点任务完成情况

单位：家，%

指标取值	完成	基本完成	不涉及	合计
样本数	58	27	26	111
占　比	52.3	24.3	23.4	100

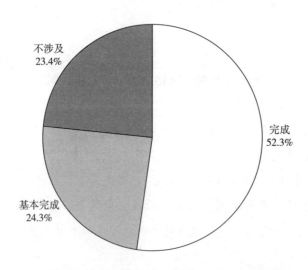

图 4　北京市非公有制企业环保重点任务完成情况

---

① 罗纳德·哈里·科斯、王宁：《变革中国，市场经济的中国之路》，徐尧、李哲民译，中信出版社，2013。

可以发现，在 111 家北京市非公有制企业中，有 26 家企业由于所处行业等原因，不涉及环保重点任务。此外，有 58 家样本企业在两年时间中完成了一项或多项环保重点任务，所占比例为 52.3%。27 家样本企业基本完成了环保重点任务，所占比例为 24.3%。由此可见，在环保重点任务完成方面，北京市非公有制企业较好地履行了社会责任。

在调研过程中，一些企业就其环保重点任务的完成情况进行了详细的回答，专栏 5 和专栏 6 列示了项目的具体情况。

专栏 5

北京趣拿软件科技有限公司（去哪儿网）

倡导低碳出行，积极推广文明旅游。2015 年，去哪儿网党员及员工联合海淀区旅游委赴北京凤凰岭公园开展"清明·清风—植树·治霾"主题活动；2016 年初，去哪儿网技术党支部的党员们利用休息时间，来到北京颐和园，帮助环卫工人捡拾垃圾，对不文明行为及时制止，号召大家文明旅游。

专栏 6

北京亚东生物制药有限公司

在昌平厂区建立污水处理站，对污水进行处理，为保护环境，公司多次对污水站进行改造工艺，更新设备，加大污水站处理污水的能力，现公司的污水已达到排标水平。

通过分析北京市非公有制企业在环保方面履行社会责任的情况，可以发现，涉及环保重点任务的非公有制企业都基本按要求完成了相关任务。但对于非公有制企业如何为保护生态环境进一步做出贡献，还可以从以下方面进行完善：首先，在完成环境保护方面的强制性任务之外，企业应该主动承担相应的社会责任，积极降低 SO_2 等有害气体排放量。其次，非公有制企业还可以将生态环境保护与提升公司价值进行有机结合，这在理论上是可以做到的，正如有研究指出的那样，满足外部环境的期许和实现企业的效率是可以同时实现的。[1]

五　人均水消费量

伴随着经济的不断发展和人口的持续增长，人类对水资源的需求也日益增加，加之在生产和生活中存在对水资源的不合理开采和利用，世界上许多国家和地区出现了不同程度的水资源短缺现象。我国也面临较为严重的水资源短缺问题，且我国的水资源在地区分布上十分不均匀。据统计，从水资源比例方面看，南方可耕用土地量少，但水量有余；相反北方可耕用土地量多，但水量缺乏。长江以北水系流域面积占全国国土面积的64%，而水资源仅占19%[2]。在这种背景下，处在北京市的非公有制企业有更大的责任节约水资源。

鉴于此，我们调研了北京市非公有制企业在水资源使用方面的社会责任履行情况。具体地，我们收集了样本企业关于人均水消费量这一指标在2014年和2015年两年的数据，且数据经过了相关部门的核实。总体上，共有108家对该指标进行有效回答的非公有制企业，表10列示了这些样本企业人均水消费量的描述性统计结果。分析表10可以发现，108家北京市非公有制企业平均的人均水消费量为30.1吨/（人·年）。该指标的标准差为40.9吨/（人·年），说明不同企业由于所处行业、规模等性质不同，对水资源的需求程度也有所不同。最值方面，该指标的最小值为0吨/（人·年），说明一些企业的日常运营几乎不需要消耗水资源。最大值为218.5吨/（人·年），可见个别企业对水资源有着较大的需求量。

---

[1] Greenwood, R., M. Raynard, F. Kodeih, E. R. Micelotta, and M. Lounsbury, "Institutional Complexity and Organizational Responses," *Academy of Management Annals*, 2011, 5 (1): 317 – 371.

[2] 夏军、翟金良、占车生：《我国水资源研究与发展的若干思考》，《地球科学进展》2011年第9期。

表10　北京市非公有制企业人均水消费量的描述性统计情况

单位：家，吨/（人·年）

样本数	人均水消费量			
	平均值	标准差	最小值	最大值
108	30.1	40.9	0	218.5

　　我们进一步分析了北京市非公有制企业人均水消费量这一指标在样本企业中的分布情况。我们以平均值30.1吨/（人·年）为分界点，统计了人均水消费量较低和较高的样本企业数量及占比，具体结果如表11和图5所示。可以发现，人均水消费量在30.1吨/（人·年）之下的企业有73家，所占比例为67.6%。人均水消费量超过平均值的企业有35家，所占比例为32.4%。由此可见，大多数样本企业的人均水消费量都相对较低。

表11　北京市非公有制企业人均水消费量的分布情况

单位：家，%

指标取值区间	平均值以下	平均值以上
样本数	73	35
占　比	67.6	32.4

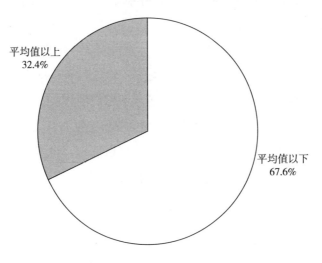

图5　北京市非公有制企业人均水消费量的分布情况

通过分析北京市非公有制企业在节约水资源方面履行社会责任的情况，可以发现样本企业人均水资源的消费量都处在一个相对较低的水平。不过，考虑到水资源短缺问题的严重性，北京市非公有制企业在水资源节约方面仍需进一步努力。例如，鼓励员工对水资源进行重复使用，倡导员工节约生活用水。对于一些特定行业的企业而言，可以积极探索将不可用水转变为可用水的技术方法。此外，与水资源短缺问题同时存在的是水污染问题，因此非公有制企业还有责任降低自己的排污，从而避免污染有限的可用水资源。

六　人均能源消耗量

当前，我国能源短缺的现状不容乐观，主要有两个方面的表现。一方面，在能源的存量上，尽管我国能源矿产资源种类齐全、分布广泛、储藏丰富，但从人均占有量来看，仅占世界人均占有量的1/2，占美国的1/10，俄罗斯的1/7。另一方面，在能源的使用上，由于长期以来我国采用的是粗放型经济增长方式，能源使用效率较低。据统计，目前我国每万美元GDP所消耗的能源数量为美国的 3 倍、德国的 5 倍以及日本的近 6 倍[①]。在这一背景下，探讨企业如何在生产过程中提高能源使用效率、降低能源浪费十分必要。

为此，我们调研了北京市非公有制企业在能源消耗方面的社会责任履行情况。具体地，我们收集了样本企业关于人均能源消耗量这一指标在 2014年和 2015 年两年的数据，且数据经过了相关部门的核实。总体上，共有 60家对该指标进行有效回答的非公有制企业，表 12 列示了这些样本企业人均能源消耗量的描述性统计结果。分析表 12 可以发现，60 家北京市非公有制企业平均的人均能源消耗量为 4.4 吨标准煤/（人·年）。该指标的标准差为 20.2 吨标准煤/（人·年），说明不同企业由于所处行业、规模等性质不同，对能源的需求程度存在相当大的差异。最值方面，该指标的最小值为

---

① 　胡青丹：《我国能源短缺的现状及应对之策》，《党政干部论坛》2009 年第 9 期。

0 吨标准煤／（人·年），说明一些企业的日常运营消耗的能源微乎其微。最大值为 132.5 吨标准煤／（人·年），说明个别企业消耗的能源非常多。

表 12　北京市非公有制企业人均能源消耗量的描述性统计情况

单位：家，吨标准煤／（人·年）

样本数	人均能源消耗量			
	平均值	标准差	最小值	最大值
60	4.4	20.2	0	132.5

我们进一步分析了北京市非公有制企业人均能源消耗量这一指标在样本企业中的分布情况。我们以平均值 4.4 吨标准煤／（人·年）为分界点，统计了人均能源消耗量低于平均值和高于平均值的样本企业数量及占比，具体结果如表13 和图 6 所示。可以发现，人均能源消耗量在 4.4 吨标准煤／（人·年）之下的企业有 56 家，所占比例为 93.3%。人均能源消耗量超过平均值的企业仅有 4 家，所占比例为 6.7%。由此可见，绝大多数样本企业的人均能源消耗量都相对较低。

表 13　北京市非公有制企业人均能源消耗量的分布情况

单位：家，%

指标取值区间	平均值以下	平均值以上
样本数	56	4
占　比	93.3	6.7

我们选取了一些在节水节能方面做得较好的样本企业在社会责任报告中相关的具体论述，详见专栏 7 和专栏 8。

专栏7

北京博龙阳光新能源高科技开发有限公司

公司属于高新技术行业，是绿色、节能、低碳、环保适用性企业，旨在如何保住 APEC 蓝，把有限的资源转移到无限的太阳能上。近年完成重点环

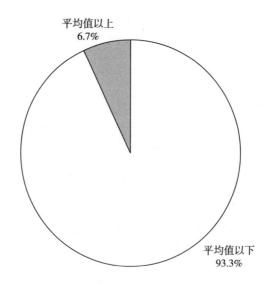

图6 北京市非公有制企业人均能源消耗量的分布情况

保工程有怀柔区村村亮太阳能路灯工程、密云政府采购项目 5000 余盏太阳能路灯工程、延庆区 15000 余盏太阳能路灯改造工程、山西省忻州市繁峙县 6000 盏太阳能路灯工程（获优秀样板工程）、怀柔区 10 所中小学及 15 个小区太阳能照明工程、怀柔区雁栖镇北台下村太阳能路灯照明及太阳能热水工程、怀柔区部分村阳光浴室及各村委会太阳能热水工程。

博龙阳光公司积极响应国家号召，厉行节约、反对浪费，节约光荣、浪费可耻，领导率先垂范，从自身做起，带领广大员工，倡导履行节约国家能源，增效节支，精细着眼，小到厨房、卫生间用电用水，大到浴室配置水电卡，节约每一滴水一度电一张纸，用餐采取光盘行动，不浪费一粒粮食，拒绝一次性筷子；办公地点、生产车间人走灯灭、机械停，夏季空调开机定点定时定温度。

专栏8

北京隆盛保洁服务有限公司

公司倡导全员节水、节电，办公区采用节能灯具照明，实行人走灯灭，在各项办公设备的选用中坚持选用能耗低的节能减排设备，积极推行无纸化办公，实行废纸再利用，推行网上电子工具。同时于 2010 年通过 ISO 14001 环境管理体系认证。

根据我们的上述分析可知，北京市非公有制企业在节约能源方面已经较好地履行了社会责任。但考虑到我国当前较为严重的能源短缺情况，北京市非公有制企业仍有必要继续采取一些措施节约能源。例如，相关行业的企业应该积极地开发利用新能源技术以及节能技术。这类科学技术的开发是企业节约能源的重要保障。此外，企业还应该加快节能产品的开发和推广。当然，为鼓励企业开发相关技术和新产品，政府也需要给予一定程度的引导，诸如与企业一起合作研发、对开发的企业进行补贴、制订新能源发展规划、在法律层面加强企业知识产权的保护等。

七　慈善捐助情况

总体来看，企业慈善捐赠的动因主要体现在三个方面：一是形成一种类似于保险的保护机制，以维护企业的声誉[1]；二是通过进行慈善捐赠获得各利益相关者的支持，从而促进企业的发展[2]，这种慈善捐赠也被称为工具性的利益相关者管理，或战略性社会责任；三是为了获得政治资源，且非国有企业的这种动机更加强烈[3]。

无论企业进行慈善捐助的动机如何，慈善捐赠都是其履行社会责任的重要表现。有鉴于此，我们调研了北京市非公有制企业的慈善捐助情况。我们具体收集了样本企业关于慈善捐助占企业利润比例这一指标在 2014

---

[1]　Godfrey, P. C., "The Relationship between Corporate Philanthropy and Shareholder Wealth: A Risk Management Perspective," *The Academy of Management Review*, 2005, 30 (4): 777 – 798.

[2]　山立威、甘犁、郑涛：《公司捐款与经济动机——汶川地震后中国上市公司捐款的实证研究》，《经济研究》2008 年第 11 期。

[3]　张敏、马黎珺、张雯：《企业慈善捐赠的政企纽带效应——基于我国上市公司的经验证据》，《管理世界》2013 年第 7 期。

年和 2015 年两年的数据，且数据经过了相关部门的核实。总体上，共有 120 家对该指标进行有效回答的非公有制企业，表 14 列示了这些样本企业慈善捐助占企业利润比例的描述性统计结果。分析表 14 可以发现，120 家北京市非公有制企业平均的慈善捐助比例为 5.8%。该指标的标准差为 11.5%，说明不同企业进行慈善捐助的力度存在相当大的差异。最值方面，该指标的最小值为 0，说明一些企业并没有进行慈善捐助。最大值为 80.0%，可见一些企业进行了相当多的慈善捐助，金额已经达到了利润的 80%。

表 14　北京市非公有制企业慈善捐助占企业利润比例的描述性统计情况

单位：家，%

样本数	慈善捐助占企业利润的比例			
	平均值	标准差	最小值	最大值
120	5.8	11.5	0	80.0

我们进一步分析了北京市非公有制企业慈善捐助占企业利润比例这一指标在样本企业中的分布情况。我们以平均值 5.8% 为分界点，统计了慈善捐助比例较低和较高的样本企业数量及占比，具体结果如表 15 和图 7 所示。

表 15　北京市非公有制企业慈善捐助占企业利润比例的分布情况

单位：家，%

指标取值区间	平均值以下	平均值以上
样本数	91	29
占　比	75.8	24.2

可以发现，慈善捐助比例低于平均值的企业有 91 家，所占比例为 75.8%。慈善捐助比例超过平均值的企业有 29 家，所占比例为 24.2%。由此可见，多数样本企业的慈善捐助占利润的比例仍相对较低。

此外，我们选取了一家慈善捐助占利润比例较高的样本企业在社会责任报告中关于慈善捐助的具体论述，详见专栏 9。

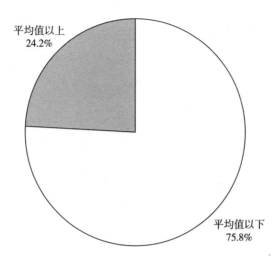

平均值以上
24.2%

平均值以下
75.8%

**图7 北京市非公有制企业慈善捐助占企业
利润比例的分布情况**

专栏9

北京每刻家美家政有限责任公司

2016年8月公司参加了北京母婴服务协会组织的"小花关爱"项目活动，此活动主要为北京市的残疾儿童、弃婴提供关爱，公司爱心捐赠350ml奶瓶600个，大米600斤，为需要帮助的弱小群体奉献爱心，并计划安排春节期间组织员工前往慰问。

通过我们上述分析可知，总体上，北京市非公有制企业的慈善捐助力度尚不太大。因此，非公有制企业应该提高这方面的意识，积极地进行慈善捐助。应该意识到，进行慈善捐助可以在履行社会责任的同时给企业带来益处。这种益处主要表现在两个方面：从经济方面讲，通过慈善捐助，企业能够与社区、消费者等利益相关者建立长期关系，且能够建立较好的声誉。比如说，有学者发现慈善捐助与社会责任匹配性、社会事业亲和力的交互作用能够影响消费者品牌态度①。根据资源基础观，这些无形资源能够给企业带来价值。从制度方面讲，慈善捐助能够为企业带来合法性。一些研究为此提供了实证证据，证明了慈善捐助有利于企业在政府方面取得合法性②。考虑到这些益处，非公有制企业更应该积极地履行这方面的社会责任。

① 袁海霞、田虹：《企业慈善捐赠对消费者品牌态度的影响——匹配性与亲和力的调节效应研究》，《管理评论》2015 年第 12 期。

② Wang, H. , and C. Qian, "CorporatePhilanthropy and Corporate Financial Performance: The Roles of Stakeholder Response and Political Access," *Academy of Management Journal*, 2011, 54 (6): 1159 – 1181.

B.5
北京市非公有制企业参与社会公益情况

摘　要：　本报告主要阐述北京市非公有制企业参与社会公益情况。参
　　　　　与公益事业是非公有制企业履行社会责任的重要部分。近年
　　　　　来越来越多的非公有制企业参与到社会公益事中来。同时，
　　　　　由于企业的规模、人员数量、经济效益不同，非公有制企业
　　　　　参与社会公益的形式有所不同。本报告中主要利用注册志愿
　　　　　者占员工比例、企业志愿组织年人均志愿服务时间、企业参
　　　　　与各类社会公益活动的人次、社区对企业参与其建设的满意
　　　　　度四个指标来衡量非公有制企业参与社会公益的程度。根据
　　　　　上述指标对 194 家样本企业进行评估，总分设置为 16 分，得
　　　　　出北京市非公有制企业参与社会公益维度得分最大值为 16，
　　　　　中位数为 12，均值为 11.1，标准差为 5.3；并分别以北京金
　　　　　寰亚管理咨询有限公司、中延联科技（北京）有限责任公司、
　　　　　北京航云机械制造有限公司和北京央务恒远保安服务有限公司
　　　　　为案例进行了非公有制企业参与社会公益的专栏分析。

关键词：　注册志愿者　志愿服务时间　社会公益活动　社区满意度

　　社会公益事业是现代国家制度体系的重要组成部分，社会公益事业作为
一种非营利性事业，在缩小贫富差距、弘扬社会道德风尚、缓和社会矛盾、
整合社会资源、构建和谐社会等方面发挥着重要作用，其主要目的是造福他
人、社会乃至整个人类。社会公益具有共享性、社会性以及福利性等特点，
上为政府分忧，下为百姓解愁，能够为社会可持续发展提供重要保障。学术

界关于当代中国社会公益事业发展的研究，首先集中在对社会公益事业的理论基础、运行规范，慈善事业发展、公益组织建设等问题的综合分析上；随着公益组织的大量出现和志愿活动的发展壮大，20世纪90年代，志愿服务作为社会公益事业的重要组成部分，逐渐成为国内学界的研究热点，其研究主要集中于我国志愿活动的理论基础、分类和服务领域，以及注册志愿者活动的兴起与发展等。

非公有制企业作为改革开放的最大受益者之一，增强公益与慈善的意识，积极参与社会公益和履行社会责任，主动参与社区建设、社会公益事业，是其走向成熟的重要标志。非公有制企业承担社会公益是指非公有制企业在创造企业利润和对股东、员工、消费者负责的基础上，还要承担保护环境、支持慈善事业、捐助社会公益、志愿参与社区活动等社会责任。而企业注册志愿者占员工比例、参与各类社会公益活动的次数等指标是非公有制企业参与社会生活、承担社会公益责任的一种重要表现形式。

一　总体评价

本报告利用注册志愿者占员工比例、企业志愿组织年人均志愿服务时间、企业参与各类社会公益活动的人次、社区对企业参与其建设的满意度四个指标来衡量非公有制企业参与社会公益的程度。

（一）北京市非公有制企业参与社会公益指数分布

根据上述指标对194家样本企业进行评估，总分设置为16分，北京市非公有制企业参与社会公益维度得分最大值为16，中位数为12，均值为11.1，标准差为5.3。

根据194家样本企业的参与社会公益指数分布情况来看，北京市非公有制企业参与社会公益总体良好，76.80%的企业参与社会公益指数在8.8分以上，10.4分以上的企业占58.76%。具体来看，参与社会公益5A级的企业共计90家，占总样本的46.39%，是占比最高的一档；4A级企业共计24

家，占总样本的 12.37%；3A 级企业数量为 0；2A 级企业 35 家，占总样本的 18.04%；8.8 分以下 A 级企业 45 家，占总样本的 23.2%，需要进一步提升这些企业的参与社会公益水平（见表1）。

表1　北京市非公有制企业参与社会公益指数分布

单位：家，%

指数分布	企业数量	百分比	累计百分比	等级
14.4 分以上	67	34.54	34.54	AAAAA
13.6 ~ 14.3 分	23	11.86	46.39	AAAAA
12 ~ 13.5 分	24	12.37	58.76	AAAA
10.4 ~ 11.9 分	0	0	58.76	AAA
8.8 ~ 10.3 分	35	18.04	76.80	AA
8.8 分以下	45	23.20	100	A
总　计	194	100	100	

图1 显示了北京市非公有制企业参与社会公益指数得分具体分布百分比。

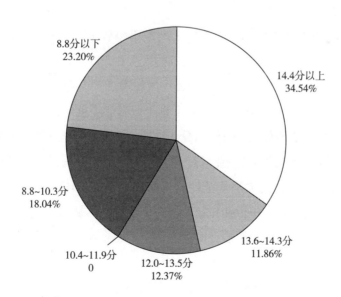

图1　北京市非公有制企业参与社会公益指数分布

综合分析调查企业参与社会公益的整体水平，在所调查的 194 家非公有制企业中，共有 36 家（约 18.6%）非公有制企业在注册志愿者占员工比例、企业志愿组织年人均志愿服务时间、企业参与各类社会公益活动人次和社区对其参与其建设的满意度四个方面都做了统计。

（二）北京市非公有制企业参与社会公益调查结果分析

近年来越来越多的非公有制企业参与到社会公益事中来，同时，由于企业的规模、人员数量、经济效益不同，非公有制企业参与社会公益的形式也有所不同。从调查结果的总体情况来看：

（1）超过半数的非公有制企业（60% 以上）都参与过社会公益事业，但企业中员工注册志愿者的比例差距较大，有些非公有制企业注册志愿者占员工的比例可达 100%，而一些非公有制企业没有注册志愿者；

（2）非公有制企业志愿组织年人均志愿服务时间差距较大，在做统计的 74 家非公有制企业中，达到《中国青年志愿者行动发展规划（2014～2018）》所提倡的 20 小时的企业超过了半数，个别非公有制企业超过 300 小时，但多数企业不足 100 小时；

（3）参与各类社会公益活动的人次差距也较大，个别企业超过千人，但多数非公有制企业参与社会公益活动的人次在 500 人以下；

（4）社区对非公有制企业参与其建设的满意度差距较小，大多数非公有制企业的满意度都为 100%，只有个别企业满意度较低；

（5）披露率仍然偏低。从整体看，对某些关键定量指标的披露程度依然较低，四项指标全部披露的企业只有 36 家，只占到全部调查企业的 18.6%；

（6）定量指标披露欠缺规范性。从调查结果的总体情况来看，数据披露存在一定的随意性，单位和口径不统一，数据整体缺乏可比性。以非公有制企业志愿组织年人均志愿服务时间为例，不同企业采用不同单位，造成横向比较存在困难。

当前，非公有制企业不仅仅是赚钱组织，更是推动社会进步的重要载体。社会公益事业的发展，可以上为政府分忧，下为百姓解愁，是一项利国利民、福及后世的高尚事业，非公有制企业要充分认识到参与社会公益对管理和改善企业环境和社会影响及防范风险的重要作用。此外，参与公益事业仅仅是非公有制企业履行社会责任的一部分，作为经营者，一定要遵守法律法规，注重质量，善待员工，保护环境，节约资源，对社会和社区负责，对消费者负责。

二　注册志愿者占员工比例

志愿者是指以满足全体社会成员尤其是困难群体的生活需求，提高人民生活质量为目标，在社区建设、社会福利、公益慈善、社会救助、优待抚恤、减灾救灾、健康卫生等社会服务领域提供公益服务的人员，注册志愿者是志愿者队伍的中坚力量。根据民政部印发的《中国社会服务志愿者队伍建设指导纲要（2013～2020年）》，我国将进一步加快社会服务志愿者队伍建设，"力争到2020年，注册社会服务志愿者占居民总数的比例达到10%"。本报告中注册志愿者占员工比例主要通过非公有制企业近两年注册志愿者人数占企业员工人数的比例来衡量。

就调研的194个企业数据来看（见表2），78家非公有制企业中有注册志愿者，并且有72家企业清楚了解本企业注册志愿者占员工的比例，但有6家企业不确定本企业注册志愿者占员工人数的比例；有116家非公有制企业没有注册志愿者。

表2　调查企业注册志愿者占员工比例

单位：家

志愿者比例	没有	有	不确定
企业数	116	72	6

由图2来看，没有注册志愿者的企业超过半数，约59.8%；只有37.1%的企业确切地了解本企业员工注册志愿者占员工的比例；有少部分，约3.1%的企业不确定本企业员工注册志愿者占员工的准确比例。

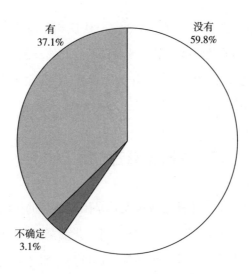

图2　调查企业注册志愿者占员工比例

　　如上文所述，根据《中国社会服务志愿者队伍建设指导纲要（2013～2020年）》，我国将力争到2020年，注册社会服务志愿者占居民总数的比例达到10%。因此本报告以10%为分界线，对72家明确有注册志愿者比例的非公有制企业进行了划分。从分析结果来看（见表3），注册志愿者占员工比例在10%以下的企业有27家，注册志愿者占员工比例达到10%及以上的企业有45家。

表3　以10%为限非公有制企业注册志愿者占员工比例

单位：家

以10%为限志愿者比例	没有	不确定	0～10%	10%及以上
企业数	116	6	27	45

　　由图3来看，注册志愿者占员工比例达到10%及以上的企业占调研企业总数的23.2%，注册志愿者占员工比例不足10%的企业占调研企业总数的13.9%。

　　进一步对72家明确有注册志愿者的非公有制企业进行分析，各企业的注册志愿者占员工比例分布如图4所示。

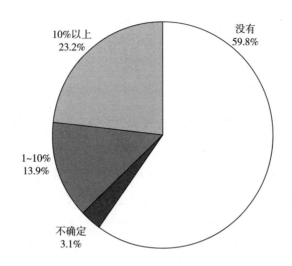

图3　以10%为限非公有制企业注册志愿者占员工比例

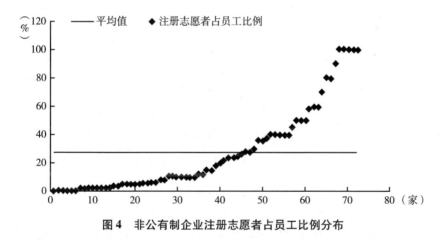

图4　非公有制企业注册志愿者占员工比例分布

　　72家非公有制企业平均注册志愿者占员工比例约为27.3%，45家（约62.5%）企业的注册志愿者占员工比例处于平均水平以下。其中，注册志愿者占员工比例最高的有4家企业，这一比例都达到了100%，分别为泽羚投资咨询（北京）有限公司、北京众生平安科技、北京央务恒远保安服务有限公司、北京金寰亚管理咨询有限公司。其中，北京金寰亚管理咨询有限公司的注册志愿者占员工比例为100%（平均值27.3%），企业志愿组织年人均志愿服务时间为90小时（平均值72.6小时），参与各类社会公益活动人次为 1825 人（平均值 246 人），社区对其参与建设的满意度为 100%（平均值 98%）。下面对北京金寰亚管理咨询有限公司进行案例分析。

专栏 1

北京金寰亚管理咨询有限公司

北京金寰亚管理咨询有限公司成立于 2005 年，是石景山区首家非公有制人力资源服务机构。公司有员工 16 人，2015 年度企业经营总收入 171 万元，为 80 余家单位提供人力资源专业服务，至今已累计安置就业 4300 余人。较好地改善了本地区和谐稳定的就业环境，产生了巨大的社会效益。2016 年，公司已组织开展各类志愿服务活动 15 次，参与志愿服务活动 7 次，累计志愿服务 1825 人，活动包括残疾人专场招聘会现场志愿服务、关爱孤残儿童志愿活动、社区便民服务活动、关爱孤残老党员慰问及捐款活动、伤残特扶家庭志愿服务等。

2016 年的党日活动，企业的党支部组织在八角街道开展了困难老党员帮扶活动。党支部书记陈亚璐带领企业党员到生活困难的老党员家中为他们送去了米面等生活必需品，此外，利用企业的人力资源优势，党支部组织还主动帮助这些老党员的儿女等解决了就业难题。

2016 年的重阳节，公司在石景山京西五里坨民俗陈列馆举办了以"看大戏赏非遗文化　包饺子庆九九重阳"为主题的活动。活动邀请了石景山区一百名失独老人和伤残家庭老人到场参与。本次活动不仅得到了参与活动老人的一致好评，而且得到了广大媒体的关注，重阳节当天石景山区广电、北京电视台《北京新闻》《都市晚高峰》，中央电视台《24 小时》栏目，《北京日报》、中国网等都对此活动做了专题报道。

三　企业志愿组织年人均志愿服务时间

有关社会服务志愿者每年参加志愿服务的时间，当前并没有明确的规定，但《中国青年志愿者行动发展规划（2014～2018）》指出"每名注册志愿者根据个人意愿至少选择参加一个志愿服务项目或活动，每年参加志愿服务时间累计不少于 20 小时"。本报告中企业志愿组织年人均志愿服务时间主要通过非公有制企业志愿组织近两年开展服务活动的次数来衡量。

就调研的 194 个非公有制企业数据来看（见表 4），有 102 家非公有制企业员工参与了志愿服务，但其中 28 家非公有制企业不确定本企业志愿组织年人均志愿服务的时间，只有 74 家企业明确了解本企业员工年志愿服务的时间，有 92 家非公有制企业中的员工没有参与志愿服务。

表 4　企业志愿组织年人均志愿服务时间

单位：家

人均志愿服务时间	没有	不确定	有
企业数	92	28	74

由图 5 来看，有近一半，约 47.4% 的非公有制企业中的员工没有参与志愿服务；只有 38.1% 的非公有制企业明确了解本企业员工年志愿服务的时间；仍有 14.5% 的非公有制企业并不确定本企业员工志愿组织年人均志愿服务的具体时间。

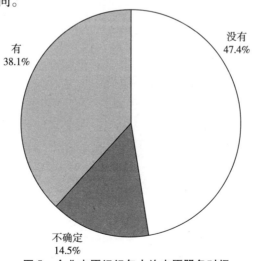

图 5　企业志愿组织年人均志愿服务时间

如上所述，根据《中国青年志愿者行动发展规划（2014~2018）》，"每名注册志愿者根据个人意愿至少选择参加一个志愿服务项目或活动，每年参加志愿服务时间累计不少于 20 小时"。因此，本报告以 20 小时为分界线，对 74 家明确了解本企业员工年志愿服务时间的非公有制企业进行了划分（见表 5），74 家非公有制企业志愿组织年人均志愿服务时间在 20 小时及以上的企业有 46 家，企业志愿组织年人均志愿服务时间达到 20 小时以下的企业有 28 家。

表5　以20小时为限企业志愿组织年人均志愿服务时间

单位：家

人均志愿服务时间	没有	不确定	20 小时以下	20 次小时及以上
企业数	92	28	28	46

由图 6 来看，企业志愿组织年人均志愿服务时间在 20 小时及以上的企业占调研企业总数的 23.7%，而企业志愿组织年人均志愿服务时间在 20 小时以下的企业占调研企业总数的 14.4%。

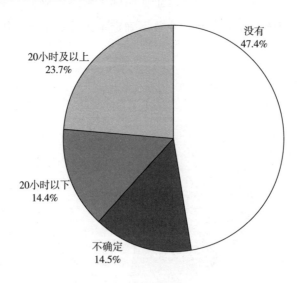

图6　以20小时为限企业志愿组织年人均志愿服务时间

继续深入分析，在 74 家明确了解本企业员工年志愿服务时间的非公有制企业中，员工年人均志愿服务时间分布如图 7 所示。从图中可以看出调研企业平均年人均志愿服务的时间为 72.6 小时，大部分（67 家，90.5%）企业年人均志愿服务时间在 200 小时以下，有 7 家（9.5%）企业年人均志愿服务的时间超过了 200 小时。下面对中延联科技（北京）有限责任公司进行案例分析。

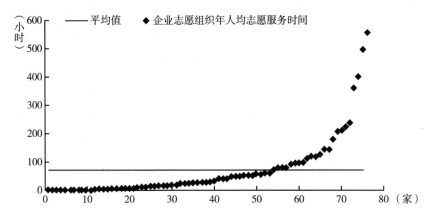

图7　企业志愿组织年人均志愿服务时间平均分布

专栏2

中延联科技（北京）有限责任公司

中延联科技（北京）有限责任公司自 2012 年成立以来一直把参与社会公益作为重要责任。企业志愿组织年人均志愿时间 60 小时，参与各类社会公益活动人次统计为 21 人 8 次，社区对公司参与其建设的满意度高。公司在参与社会公益方面开展的活动多姿多彩，投身社会公益事业已逐渐成为公司越来越多员工遵循的一项传统。他们始终认为认真务实地做更多脚踏实地的工作，才是有社会责任感的公司所应该做的，组建中延联科技文化志愿者联盟群便是他们的行动之一。中延联科技文化志愿者联盟群由公司员工自发组成，他们利用自己的休息时间通过实际行动在诸多志愿回报社会的行动中始终扮演着重要的角色。可以说"爱在祖国"的精神已经深深印入中延联科技公司上上下下每一位员工的心中。中延联科技文化志愿者联盟已经组织了多次有意义的活动。为了表达对"流动学生"的关爱，提高农民工子女的升学率，中延联科技文化志愿者联盟举办了多次北京明圆学校（民工子弟学校）课外教学活动，在雾霾天气蔓延的日子里，公司志愿者们又来到农民工子弟中间传授雾霾天气预防知识。每年六一儿童节，志愿者们还给农民工子弟们赠送儿童节礼物，并组织了以"绿色低碳"为主题的校外活动。正如北京明圆学校张歌真校长曾经讲的那样，"在与中延联科技文化志愿者接触的这段时间内，充分感受到这些自发参与者脚踏实地、真诚、负责的态度。希望能有更多企业能像中延联科技文化志愿者这样，真正将关爱传播到社会的每一处角落，让需要得到关心和帮助的人们真正感受到这份感动"。中延联科技公司一直致力于把公司的理念和价值观融入公司每位员工的日常行为中，鼓励员工积极投身于多种多样的志愿者活动，号召每个人都尽其所能为当地社区的发展做出切实的贡献。

从实际做起，从点滴做起。近年来，公司在新产品还没有产业化、没有利润的前提下，始终如一不间断地为社会、为部队官兵、为需要关爱和帮助的老人和儿童，尤其为抗战老兵做了大量工作。比如2015年公司为解放军驻川部队捐赠爱国主义国防教育图书；为革命老区四川巴中地区中小学捐赠图书和生活学习用品等；给需要帮助的人们带去实实在在的关爱与呵护，体现了公司脚踏实地的社会责任感。

四 企业参与各类社会公益活动的人次

当前，参与各类社会公益活动正成为非公有制企业开展商业运营、经营管理等活动之外的又一项共同语言，其能够有效地联结企业与社会、员工与社区，催化员工志愿者价值。本报告中企业参与各类社会公益活动的人次主要通过非公有制企业近两年参与社会公益活动的人数进行衡量。

就调研的194个非公有制企业数据来看（见表6），目前有129家调研企业员工参与过各类社会公益活动，其中125家非公有制企业确切地了解本企业参与各类社会公益活动的人次，但其中有4家企业不确定本企业参与各类社会公益活动的人次，有64家调研企业中员工没有参与过社会公益活动。

表6　企业参与各类社会公益活动人次

单位：家

参与公益活动人次	没有	不确定	有
企业数	65	4	125

由图8来看，大多数（64.4%）的企业确切地了解本企业员工参与各类社会公益活动的人次；只有2.1%的企业不太确定本企业员工参与各类社会公益活动的人次；但仍有近1/3，约33.5%的企业中的员工没有参与过社会公益活动。

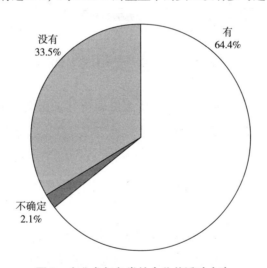

图8　企业参与各类社会公益活动人次

进一步分析员工参与各类社会公益活动人次的125家非公有制企业，企业参与各类社会公益活动人次分布如图9所示。从图中可以看出大部分（118家，94.4%）企业参与各类社会公益活动的人次在1000人以下，有7家（5.6%）企业的参与各类社会公益活动人次在1000人以上。其中，参与各类社会公益活动人次最多的企业为泛华建设集团，达到了3000人次，

同时，北京航云机械制造有限公司参与各类社会公益活动人次在其企业中占
的比例也较高。在 125 家明确有员工参与各类社会公益活动的非公有制企业
中，平均参与各类社会公益活动的人次为 2000 人。下面将对北京航云机械
制造有限公司进行具体的案例分析。

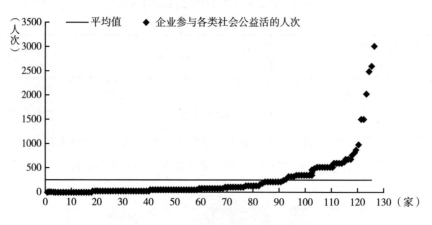

图 9 125 家非公有制企业参与各类社会公益活动人次分布

北京航云机械制造有限公司注册志愿者占员工比例为 10%；企业志愿
组织年人均志愿服务时间为 50 小时；参与各类社会公益活动人次为 2000
人；社区对其参与建设的满意度为 100%。

专栏 3

北京航云机械制造有限公司

北京航云机械制造有限公司坚持"单位发展与反哺社会同步"的方针，
积极在社区共建、扶贫帮困、专业服务、志愿服务等方面发挥应尽的义务，
力求为社会和谐发展尽绵薄之力。

北京航云机械制造有限公司牢记社会责任。近年来，与河南寨镇政府高
度保持一致，在"共同化解社区矛盾、共同参与社区事务、共同分享社区
资源、共同建设社区环境"的合作机制下，形成了主动融入、联动共建、
互动发展的工作格局，以及思想政治工作联做、公益事业联办、生活环境联

建、文体活动联谊的局面，进一步密切了与所在社区的联系，有力促进了和谐社区建设。多年来，北京航云机械制造有限公司加大对公益事业的扶持力度，镇区领导和各界对企业参与其建设的满意度为100%。

同时，志愿者活动是推进社会文明的亮丽风景线，企业志愿组织年人均志愿服务时间为50小时。坚持厉行节约，重视环境整洁优美。北京航云机械制造有限公司注重生态环境建设，专门成立了绿化工作小组，通过多年的努力，环境建设实现了从环境整洁化到环境园林化，企业参与各类社会公益活动的人次为2000次左右。

五 社区对企业参与其建设的满意度

社区是企业赖以生存和发展的外部环境。社区能够为企业提供经营所需的水、电等后勤保障，为员工提供舒适的生活、工作环境，劳动力资源、消费力和购买力，甚至可以为企业做免费的广告宣传；企业可以为社区居民提供就业机会，通过社区投资的方式来促进社区发展，提高社区各项指标。因此，企业与社区相互影响，企业对社区社会责任主要体现在企业与社区相互影响的密切关系中。基于此，本报告将社区对企业参与其建设的满意度作为评估指标之一，其中社区对企业参与其建设的满意度主要通过问卷发放的形式，采集所在社区对企业参与其建设的满意度数据。

就调研的194个企业数据来看（见表7），目前有107家企业得到了社区对其参与建设的满意度反馈；但仍有87家企业没有获得社区对其参与建设的满意度反馈。

表7 社区对企业参与其建设的满意度

单位：家

社区满意度	没有	有
企业数	87	107

由图10来看,目前获得社区对其参与建设满意度反馈的企业仅占55.2%;有近一半,约44.8%的企业没有获得社区对其参与建设的满意度反馈。

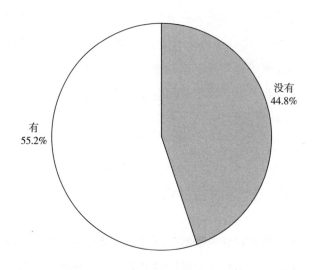

图10 社区对企业参与其建设的满意度

在获得了社区对其参与社区建设满意度反馈的107家调研企业中,社区对企业参与其建设的满意度分布如图11所示。从图中可以看出,大部分(80家,约74.8%)企业得到了社区较高的满意度反馈,社区对该企业参与其建设的满意度达到了100%。其中整体满意度的平均值为98%,有23家(约21.50%)企业得到的满意度反馈低于这一水平。下面将对北京央务恒远保安服务有限公司进行案例分析。

专栏4

北京央务恒远保安服务有限公司

北京央务恒远保安服务有限公司成立于2001年7月,是由中央国家机关工委支持,经北京市公安局批准,在北京市工商行政管理局石景山分局注册,注册资金9000万元。公司办有1所安保管理职业培训学校和3个集培训学习、生活、娱乐休闲于一体、球场、教室、图书室、餐厅、网吧、超

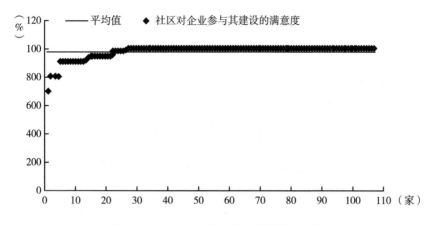

图 11　社区对企业参与其建设的满意度分布

市、健身房等一应俱全，实行半军事化管理的保安培训基地。公司员工数 6000 人，2015 年经营总收入约为 1.72 亿元人民币，员工年收入超过了北京市最低工资标准。2016 年对央务恒远来说是丰收的一年，2016 年被中国质量评价协会评为企业信用等级评定 AAA 级，被北京企业信用评价中心评为 AAA 级，被北京保安协会评为保安先锋岗，2016 年 8 月向北京市温暖基金会捐赠人民币 5 万元，2016 年 5 月被北京企业评价协会评为北京市企业优秀党支部。公司在参与社会公益方面：注册志愿者占员工的 80%，企业志愿者组织年人均志愿服务时间为 224 小时，其中包括"两会"期间、大型活动、重大节日等。企业参与各类社会公益活动的人数为 500 人，社区对企业参与其建设的满意度为 100%。

北京央务恒远保安服务有限公司的注册志愿者占员工比例为 80%；企业志愿组织年人均志愿服务时间为 224 小时；参与各类社会公益活动人次为 500 人；社区对其参与建设的满意度为 100%。

比较研究篇

Comparative Study

B.6
北京市不同规模非公有制
企业社会责任比较

摘　要：　不同规模的非公有制企业处在生命周期的不同阶段，其所拥
有的各种资源和能力条件不同，导致企业承担社会责任的方
式和内容也存在较大差异。本报告将针对北京市不同规模的
非公有制企业在承担社会责任时的差异进行比较研究。首先，
结合本次北京市非公有制企业履行社会责任的实际数据搜集
工作的情况，将企业按照 2015 年的年营业收入划分为大型、
中型和小型三类不同规模的非公有制企业。其次，针对不同
规模企业在本次社会责任评价指标体系中的客观评分，进行
数据分布区间和中心趋势及离散程度的统计分析。最后，借
鉴非公有制企业生命周期与企业社会责任匹配模型对不同规
模非公有制企业履行社会责任的现状进行比较分析。

关键词：　企业规模　生命周期　企业社会责任模型

非公有制企业是我国社会主义经济发展的重要组成部分，也是吸收社会就业的重要场所，因此非公有制企业履行社会责任程度的高低直接关系社会经济的发展。改革开放 30 多年来，非公有制经济积极回馈社会，积极承担社会责任，成为调整产业结构、改变落后地区经济状况、促进地区平衡发展、促进社会和谐的重要元素。同时，在促进产业结构调整、推动区域经济发展、解决就业、增加税收、促进 GDP 持续高速增长、提高综合国力等方面取得了令世人瞩目的成绩。

据最新数据统计，目前北京市私营企业、个体工商户总数已达到 160.57 万户，从业人员 896.45 万[1]。这些非公有制企业在自身发展壮大的同时，积极履行社会责任，在落实首都城市战略定位、融入京津冀协同发展、建设国际一流的和谐宜居之都的进程中，发挥了不可替代的重要作用。然而，不同规模的非公有制企业处在生命周期的不同阶段，其所拥有的各种资源和能力条件不同，承担企业社会责任的方式和内容也存在较大差异。在生命周期的不同阶段，企业扮演着不同的经济角色，从最初主要追求经济目标、单纯满足投资者利润最大化的需要，到后来能够较好地兼顾社会目标，承担相应的社会责任，实现企业发展与社会环境的和谐统一。因此，本报告将针对北京市不同规模的非公有制企业在承担社会责任时的差异进行比较研究。

一 非公有制企业规模划分

（一）企业规模划分标准

参考工业和信息化部、国家统计局、国家发改委、财政部《关于印发中小企业划型标准规定的通知》（工信部联企业〔2011〕300 号），结合本次北京市非公有制企业履行社会责任的实际数据搜集工作的情况，

---

[1] 2015 年《北京市民营企业社会责任报告书》。

将企业的年营业收入作为划分不同规模非公有制企业的标准，具体如表1所示。

表1 统计上大中小型非公有制企业划分标准

单位：万元

指标名称	大型	中型	小型
年营业收入（X）	X≥30000	3000≤X＜30000	X＜3000

如表1所示，在对北京市非公有制企业的规模进行划分时，采用企业2015年的营业收入，如果企业的年营业收入达到30000万元及以上，则将该企业划分为大型非公有制企业；如果企业的年营业收入达到3000万元及以上，但不足30000万元，则将该企业划分为中型非公有制企业；如果企业的年营业收入不足3000万元，则将该企业划分为小型非公有制企业。

（二）企业规模统计结果

在本次北京市非公有制企业履行社会责任工作中，共收到来自北京市6个城区（东城、西城、朝阳、海淀、丰台、石景山）、9个远郊区（门头沟、房山、通州、顺义、昌平、大兴、怀柔、密云、延庆），以及12家中介组织（北京市工商联、北京市贸促会、北京市私个协会、北京工业经济联合会、北京市商业联合会、北京市建筑业联合会、北京民办教育协会、北京企业联合会、中关村社会组织联合会、北京外商投资企业协会、北京人力资源服务行业协会、首都互联网协会）推荐上报的194家非公有制企业的社会责任报告。其中，企业社会责任报告中包含2015年企业营业收入数据，且同时提供《北京市非公有制企业履行社会责任数据表》的企业共有122家，本报告以下部分将针对这122家非公有制企业进行详细的分析和比较研究。

依据表1中的划分标准，按照2015年这122家企业的营业收入进行企业规模划分，其中，年营业收入达到30000万元及以上的企业有36家，被划分为大型非公有制企业；年营业收入达到3000万元及以上，但不足

30000 万元的企业有 56 家，被划分为中型非公有制企业；年营业收入不足 3000 万元的企业有 30 家，被划分为小型企业。不同规模的非公有制企业在本次调研的企业中所占的比例如图 1 所示。

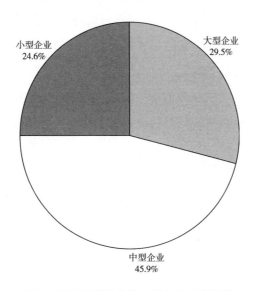

图 1　不同规模的非公有制企业所占比例

二　不同规模企业客观评分的分布区间

本报告在对北京市各种非公有制企业社会责任进行充分调研、分析和总结的基础上，构建了"保障员工权益"、"诚信生产（服务）经营"、"维护国家利益"和"参与社会公益"四个大的评估维度，及其下设的 28 个可量化的评估指标（具体请参见附录《北京市企业社会责任评估指标体系》），形成了一套较为完整和科学的非公有制企业社会责任评估指标体系，从而对北京市非公有制企业履行社会责任的现状进行科学合理的评价。该评估体系既突出了北京市非公有制企业的特点，又考虑到非公有制企业抵御风险能力不强、企业管理制度和财务制度不尽完善的现实情况，同时还充分考虑了不同规模的非公有制企业发展的不均衡性，从多个角度对非公有制企业履行社会责任的现状进行完整客观的评价。

"北京市企业社会责任评估指标体系"根据各个评估指标反映企业履行社会责任的不同重要程度，分别赋予 28 个评估指标不同的权重，28 个评估指标被赋予 2~5 分不等的分值，采用百分制对非公有制企业履行社会责任的各个方面进行客观评分，最终以客观评估分数的高低反映各个非公有制企业承担社会责任的整体情况。

依据上述企业社会责任评估指标体系，北京市 122 家不同规模的非公有制企业履行社会责任的客观评分情况如表 2 所示（采用百分制）。

表 2　不同规模非公有制企业履行社会责任的客观评分结果

单位：家

企业规模	≥90	[80~90)	[70~80)	[60~70)	<60
大型	7	16	7	2	4
中型	13	21	8	9	5
小型	3	14	9	3	1

从表 2 所示的客观评分的统计结果，可以得出以下结论。

（1）在 36 家大型非公有制企业中，有 7 家企业的社会责任客观评估分数位于 90 分（含）以上，占大型非公有制企业总数的 19%；有 16 家企业的社会责任客观评估分数位于 80 分（含）到 90 分之间，占大型非公有制企业总数的 44%；有 7 家企业的社会责任客观评估分数位于 70 分（含）到 80 分之间，占大型非公有制企业总数的 19%；有 2 家企业的社会责任客观评估分数位于 60 分（含）到 70 分之间，占大型非公有制企业总数的 6%；还有 4 家企业的社会责任客观评估分数低于 60 分，占大型非公有制企业总数的 11%，如图 2 所示。

（2）在 56 家中型非公有制企业中，有 13 家企业的社会责任客观评估分数位于 90 分（含）以上，占中型非公有制企业总数的 23%；有 21 家企业的社会责任客观评估分数位于 80 分（含）到 90 分之间，占中型非公有制企业总数的 38%；有 8 家企业的社会责任客观评估分数位于 70 分（含）

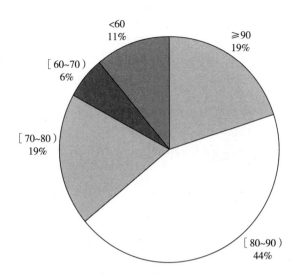

图2 大型非公有制企业社会责任评分分布区间所占比例

到80分之间，占中型非公有制企业总数的14%；有9家企业的社会责任客观评估分数位于60分（含）到70分之间，占中型非公有制企业总数的16%；还有5家企业的社会责任客观评估分数低于60分，占中型非公有制企业总数的9%，如图3所示。

（3）在30家小型非公有制企业中，有3家企业的社会责任客观评估分数位于90分（含）以上，占小型非公有制企业总数的10%；有14家企业的社会责任客观评估分数位于80分（含）到90分之间，占小型非公有制企业总数的47%；有9家企业的社会责任客观评估分数位于70分（含）到80分之间，占小型非公有制企业总数的30%；有3家企业的社会责任客观评估分数位于60分（含）到70分之间，占小型非公有制企业总数的10%；还有1家企业的社会责任客观评估分数低于60分，占小型非公有制企业总数的3%，如图4所示。

通过比较不同规模非公有制企业客观评分的分布区间，不难发现：在社会责任客观评估分数位于80分（含）以上的区间，大型非公有制企业有23家，占大型企业总数的64%；中型非公有制企业有34家，占中型企业总数的61%；小型非公有制企业有17家，占小型企业总数的57%。这说明在三

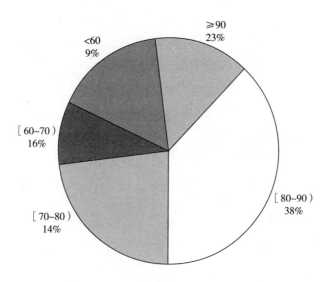

图3 中型非公有制企业社会责任评分分布区间所占比例

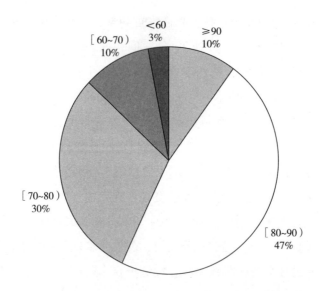

图4 小型非公有制企业社会责任评分分布区间所占比例

类企业中，大型企业履行社会责任的整体较好，中型企业次之，而小型企业履行社会责任的整体情况在三类企业中相对较差。此外，在三类企业中，中型非公有制企业的社会责任客观评估分数的分布区间最分散，客观评估分数位于 90 分（含）以上，以及 70 分以下的企业分别有 13 家和 14 家，占中型非公有制企业总数的比例分别为 23% 和 25%，该比例明显高于大型非公有制企业的 20% 和 17%，以及小型非公有制企业的 10% 和 13%，这说明中型非公有制企业履行社会责任的情况差异较大、参差不齐。

三 不同规模企业客观评分的统计分析

为了更好地了解北京市不同规模的非公有制企业履行社会责任的现状，获得不同规模企业客观评分数据的总体印象和典型特征，研究还进一步分析了大、中、小型非公有制企业社会责任客观评分数据的描述性汇总情况，包括中心趋势及离散程度。其中，研究选取均值作为度量客观评分数据中心趋势的指标，标准差作为度量客观评分数据离散程度的指标。不同规模非公有制企业履行社会责任的客观评分数据的描述性汇总结果如表 3 所示（采用百分制）。

此外，在不同规模非公有制企业履行社会责任的客观评分结果中，企业评估分数低于 60 分大多是因为该企业没有按要求完整地提供《北京市非公有制企业履行社会责任数据表》中各评估维度的数据造成的，因此，为了避免评分数据中的离群点对于整体描述性汇总结果产生不利影响，表 3 中的数据统计结果不包含表 2 中评估分数低于 60 分的那 10 家企业。

表 3 不同规模非公有制企业履行社会责任的客观评分的描述性汇总（百分制）

企业规模	大型	中型	小型
均 值	81.44	81.86	80.52
标准差	8.46	10.19	9.16

从表 3 所示的客观评分数据的描述性汇总结果，可以得出以下结论。

（1）在不同规模的非公有制企业中，企业履行社会责任的客观评分的均值整体差距不大。具体来讲，中型企业的社会责任客观评估分数的均值最高，大型企业的社会责任客观评估分数的均值次之，小型企业的社会责任客观评估分数的均值在三者当中为最低，这说明北京市大型非公有制企业和中型非公有制企业履行社会责任的整体情况较好且差距不大（仅为0.42分），而小型非公有制企业履行社会责任的情况整体在三类企业中相对较差。

（2）从标准差所反映的各企业的社会责任评估分数和其所属规模企业的平均值之间的分散程度来讲，大型企业最好，小型企业次之，中型企业在三类企业中相对较差。大型企业客观评分的标准差最小，说明各个大型非公有制企业的客观评分最接近其所属规模企业的平均值，整体履行企业社会责任的情况比较稳定。中型企业客观评分的标准差最大，说明各个中型非公有制企业的客观评分和其所属规模企业的平均值之间的差异最大，各个中型企业履行企业社会责任的差异较大、参差不齐，这与上述基于不同规模企业数据分布区间的分析结果基本一致。

四 不同规模企业履行社会责任比较分析

在企业生命周期的不同阶段，企业所需要承担的社会责任和具备承担社会责任的能力完全不同，而企业的社会责任与企业的需求又有十分密切的关系。当企业承担社会责任的动力和能力在一定范围内达到平衡时，将使企业产生承担社会责任的行为。对于非公有制企业来说，应该对其擅长处理哪方面的社会问题做出清晰的界定，从而使其选择承担适当的社会责任。本部分内容将借鉴非公有制企业生命周期与企业社会责任匹配模型对不同规模非公有制企业履行社会责任的现状进行比较分析。

（一）非公有制企业生命周期与企业社会责任的匹配模型[1]

非公有制企业生命周期与企业社会责任的匹配模型如图5所示，该模型以企业生命周期理论为基础，横轴表示非公有制企业所处的生命周期的四个阶段，具体包括：孕育期和求生期、成长期、成熟期，以及衰退期和蜕变

---

① 孙晓华：《民营企业的社会责任研究》，北京交通大学硕士学位论文，2008。

期，分别用时间来表示，在不同成长时期企业会产生承担不同的社会责任的需求；纵轴表示企业承担的社会责任，用企业社会责任的四个层次表示，从低到高依次为：法律责任、经济责任、伦理责任和自发责任。图5中黑色曲线表示企业的生命周期曲线，黑色曲线以下阴影区域代表企业在所处生命周期阶段所能承担的社会责任。

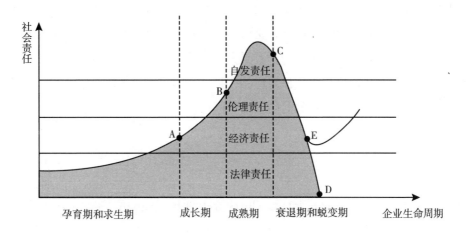

图5　非公有制企业生命周期与企业社会责任匹配模型

非公有制企业在其生命周期的四个阶段所应承担的社会责任具体如下。

（1）孕育期和求生期，这是企业谋求生存的阶段。处于该阶段的非公有制企业所拥有和掌握的资源非常少，企业各方面的能力都较弱，企业承担社会责任的意识和能力往往十分有限。在这一阶段，企业承担的社会责任主要体现在维持生存方面，如图5曲线中"起点—A点"以下的阴影部分所示。在这一阶段，非公有制企业管理所追求的社会目标是通过经济活动获得合理利润，并以此来保护投资者的经济利益不受损失。此时非公有制企业为社会提供了投资机会、就业机会，并为国家税收做出了一定程度的贡献。在该阶段，非公有制企业应当从树立社会责任观念做起，遵守法律责任和基本经济责任，这是该阶段非公有制企业能够承担的社会责任。然而，处于这一阶段的非公有制企业有可能因为受到能力的限制，有时会通过一些非道德行为，比如逃税、克扣工资等，来维持企业的生计。此时非公有制企业承担社会责任及其治理研究方面是受限制的，基本上维持在承担法律责任和基本经济责任的水平。非公有制企业只具备了承担法律责任和部分经济责任的能力。一旦非公有制企业发生困难，内部员工的利益将很难得到保障。总之，这个阶段是非公有制企业承担社会责任能力有限的阶段。

（2）在成长期，非公有制企业的目标是发展，发展需求成为企业最大的内在动力。成长阶段是企业规模扩张最快的时期。在成长期，企业的市场占有率、销售利润率逐渐提高，企业由此获得丰厚的投资回报，企业规模得以迅速扩展。在这一阶段，非公有制企业的社会责任有两大目标：一是对外部市场负有责任，比如必须提高产品质量，为消费者提供售后服务等；二是对内部员工负有责任，比如对组织结构进行改革，加强人力资源管理，强调经营管理以人为本，通过改善员工收入、改善工作条件等方法激励员工，满足员工的物质需要。非公有制企业在成长期承担法律责任、经济责任和部分伦理责任，如图5曲线中"A点—B点"以下的阴影部分所示。由于能力所限，企业在进入成长期并不具备承担所有伦理责任的能力，此时企业处于有心无力的状态，即使产生了发展需求，需要承担伦理责任，但往往受规模所限，不能完全实现。总之，这个阶段非公有制企业要在承担法律责任的基础上，从非公有制企业战略发展的角度，思考更广泛利益层面的社会责任，这是非公有制企业承担社会责任能力迅速提升的阶段。

（3）在成熟期，非公有制企业各个方面得到飞速发展，积累了相对较多的资源，并拥有了较强的能力，企业应该承担起资源节约、社区责任、慈善和公益事业等全面的社会责任，塑造良好的社会形象。反过来，良好的社会形象又会促使企业对社会做出更大的贡献。作为商家，非公有制企业应诚信经营，遵守国家的法律法规，照章纳税，接受国家的宏观调控和监督；作为社会活动家，非公有制企业应支持社区建设，提供更多的就业机会，参与社会组织活动，支持教育和慈善事业，改善弱势群体的处境；作为环保主义者，非公有制企业应保护自然环境，综合开发利用资源，维护生态平衡等。在这个阶段，非公有制企业承担社会责任的能力最强，往往会出现许多无偿的、经济目的不强的社会公益行为，即所承担的社会责任侧重在慈善、道义层面，如图 5 曲线中"B 点—C 点"以下的阴影部分所示。与此同时，非公有制企业还应重点关注经济责任，努力延长成熟期的时间，创造持续经营环境，保持稳定的现金流。

（4）在衰退期，非公有制企业的目标是尽可能延缓衰退，生存和发展需求是企业的动力所在。为了延缓衰退的步伐，企业将经济利益重新看作重中之重，企业的社会目标退居于经济目标之后。非公有制企业在战略上进行调整，思考如何真正有效地承担社会责任，以谋求蜕变。此时企业社会责任的重心又回到成长初期的状态，注重市场、注重产品，目的是获得重新崛起的机会。而当企业的衰老不可避免时，企业不得不面临破产清盘的窘境。衰退期的末期，非公有制企业员工工资的发放、人员的再就业和企业的债务就成了突出的社会问题。在衰退期，企业承担社会责任的能力大幅下降，非公有制企业所能承担的社会责任只能是尽可能减少企业破产倒闭给社会带来的负面影响。处于这一阶段的非公有制企业仍然拥有部分承担慈善责任的能力，但面对迅速滑落的业绩，非公有制企业已无心顾及社会需求，严重缺乏承担伦理责任的动力，因此很少有企业愿意再将日益紧缺的资源投放在社会公益事业上了。随着企业的不断衰落，企业承担社会责任的能力进一步降低，最终可能连法律责任和经济责任都承担不了，这便导致了企业的破产清算，如图 5 曲线中"C 点—D 点"以下的阴影部分所示。在衰退期，极少数非公有制企业还有可能发生蜕变，通过蜕变，企业的能力又重新呈现上升形态，此时非公有制企业又回到了成长期的状态。成功的蜕变，即通过产权蜕变、产业蜕变和生产经营形态蜕变进入一个新的发展空间。在非公有制企业谋求重新崛起、承担社会责任的能力面临新的挑战的阶段，如何进行企业社会责任观念的升华成为非公有制企业必须思考的问题。此时，非公有制企业又回到了高速发展的轨道之中，开始了一个新的生命周期循环，如图 5 曲线中 E 点开始的向上的曲线所示。

在实践中，非公有制企业可以利用此模型对其能够承担社会责任的情况进行检查和评估，发现企业在承担社会责任方面存在的问题，使企业在承担社会责任的同时，不断提高自身的竞争力。非公有制企业依据企业生命周期理论，对所处生命周期阶段进行大概分析，确定企业处在生命周期的哪一阶段，然后根据企业自身的需求和承担社会责任的能力，对照匹配模型，确定企业在这一阶段所需承担的主要社会责任，并结合企业的实际情况，制定适合于企业自身发展的企业社会责任标准，包括在未来的一段时间，非公有制企业应该承担哪些社会责任，以及如何承担这些社会责任。

（二）比较分析

非公有制经济在我国经济建设中的地位和作用日益突出，我国提出了要坚定不移地发展非公有制经济，非公有制经济的发展不但可以促进我国经济的进步，而且有利于解决我国现阶段存在的一些社会问题，例如失业、贫富分化等。然而，企业规模不同、实力不同，会导致其对社会责任的理解、认识和偏好也存在较大的差异。

大型非公有制企业往往实力雄厚，是我国非公有制企业中的强势群体，社会时刻关注和监督着这些企业的发展，企业家精神或企业文化普遍得到社会的认可，企业各方面的行为会对社会产生一定程度的影响，此时企业的行为目标只有与社会的发展目标协调一致时，才能获得更好的发展，从此看出大型非公有制企业对社会责任存在较强的偏好和动力。此外，有很多大型非公有制企业是直接从国有大中型企业中转制过来的，原有企业与社会责任相关的制度安排使现在的企业形成承担社会责任的"路径依赖"，企业必将继续承担部分社会责任[①]。

相比较而言，占我国非公有制经济绝大多数的中小非公有制企业则普遍缺乏承担社会责任的动力。有部分企业主管人员过分注重追求企业的短期利益，制假售假，工人劳动环境恶劣，拖欠员工工资和债权人欠款，污染环境等不负责任的行为相当普遍。近些年，毒面粉、毒粉丝、毒大米等恶性食品安全事件时有发生。这些不负责任的企业对社会造成了巨大的伤害，在一定程度上扰乱了正常的市场经济秩序，非公有制企业的寿命也不会长久。因

---

① 苏鹏：《论我国民营企业的社会责任》，《民营经济》2005 年第 2 期。

此，应当想办法让中小型非公有制企业主动承担社会责任，将社会责任纳入这些企业日常管理的范围。承担社会责任也许会暂时增加企业的经营成本，减少企业的短期收益，但如果放眼于未来，一个对社会负责的企业能够获得更多利益，包括降低业务开支、扩大企业品牌的影响、增加销售额、提高用户的满意度和忠诚度等，更有利于企业长远的发展。

企业社会责任所涵盖的范围呈多元化趋势，包括企业对雇员、消费者、债权人、社区、政府、环境保护等各个方面，非公有制企业作为我国市场经济的主体之一，不管是大型企业、中型企业还是小型企业，都应当承担与其主体地位相适应的社会责任。由于这三类不同规模的非公有制企业分别处于企业发展的不同阶段，在实力和发展水平上存在较大差异，其所承担的企业社会责任的具体内容也有所不同。我们可以依据如图5所示的非公有制企业生命周期与企业社会责任匹配模型，并结合北京市非公有制企业的发展实际来分析这三类非公有制企业承担社会责任的具体情况。

（1）对于小型非公有制企业来说，大部分还处于非公有制企业生命周期的第一阶段，即"孕育期和求生期"，企业成立时间不久，规模普遍较小，产品种类单一，利润微薄[1]。这类企业往往以追求企业利润最大化为唯一目标，企业主要对非公有制企业的老板个人或为数较少的几个合伙人负责，此时企业对社会责任的认知模糊，承担社会责任的意识不强，倾向性不明显。处于这一阶段的小型非公有制企业能够生存下来就是履行了对社会的责任，扩大了就业，增加了税收，维护了社会稳定，因此，作为我国市场经济的主体之一，非公有制企业首要的社会责任就是由"夹缝中求生存"转变为"积极地存在"，即在生存的前提下谋求进一步的发展，这是非公有制企业的基本社会责任，也只有履行了这个基本的社会责任，非公有制企业才有能力承担其他更多更具体的社会责任。经过市场竞争和锻炼，也有部分小型非公有制企业开始由"孕育期和求生期"进入"成长期"，规模不断扩大，产品的市场占有率逐步提高，利润稳步增加，企业在市场中渐渐获得稳

---

① 苏鹏、孙朋丽：《略论我国民营企业的社会责任》，《理论与现代化》2005年第7期。

定地位。为了进一步巩固自己的市场地位、扩展市场范围，这类小型非公有制企业往往表现出强烈的承担社会责任的需求，并通过规范管理，完善企业激励制度，来吸引和留住优秀人才，调动员工的积极性，为企业的进一步发展积累人力资源，在企业内部主要表现为企业对员工的责任。

然而，根据调查，目前有部分小型非公有制企业没有与员工签订劳动用工合同，员工在遇到如职业病、欠薪、辞退等问题需要投诉时，找不到任何凭据。此外，小型非公有制企业因资源浪费和不合理利用、技术落后、设备陈旧、生产缺乏严格的环境保护措施等导致生态环境恶化的问题依然存在。

在本次北京市非公有制企业履行社会责任现状的调研中，上述分析就体现为小型非公有制企业履行社会责任的情况在三类非公有制企业中相对较差，社会责任客观评估分数位于80分（含）以上的小型非公有制企业数量仅为17家，占小型企业总数的57%，客观评估分数的均值在三类不同规模的非公有制企业中最低且标准差相对较大。

这里以北京佳诚物业管理有限公司作为代表性企业，来展现小型非公有制企业履行社会责任的情况。

专栏1

北京佳诚物业管理有限公司

北京佳诚物业管理有限公司成立于1999年11月，定名"佳诚"，寓意"用最佳的服务赢得最满意的评价，做诚实的企业赢得诚信的口碑"。公司始终坚持"以人为本"的核心价值观，把实现和维护全体员工的利益作为工作的出发点和落脚点，保障员工的各项权益，促进员工的价值实现和全面发展，保护员工的身心健康，提升企业的凝聚力，实现员工与企业共同成长。公司始终秉承秉持"诚信自律、开拓进取、求实创新、饮水思源"的价值观，感恩社会，回馈社会。2015年公司拿出企业利润的14%捐资成立了北京市西城区乐爱佳助残养老服务中心，为牛街多民族居住区的残疾人和老年人提供服务。

（2）对于中型非公有制企业来说，大部分已经进入非公有制企业生命周期的第二阶段，即"成长期"，企业的市场占有率、销售利润率逐渐提高，企业由此获得丰厚的投资回报，企业规模迅速扩张。伴随着自身实力的不断增强，处于这一阶段的中型非公有制企业的经营理念逐渐开始改变，企业所承担社会责任的内容也进一步扩展，包括与竞争者和顾客维持良好的社会关系，公平参与市场竞争，树立良好的社会形象，尊重和维护消费者的权益等。为了真正实现由"成长期"向"成熟期"的成功转型，中型非公有制企业承担社会责任的积极性和能力都迅速提升，甚至有部分中型企业承担社会责任的热情远超过了部分大型非公有制企业和国有企业。

在本次北京市非公有制企业履行社会责任现状的调研中，上述分析就体现为中型企业的社会责任客观评估分数超过90分（含）及以上的企业占企业总数比例最大，且中型企业的社会责任客观评估分数的均值在三类不同规模的非公有制企业中最高。然而，中型企业的社会责任客观评估分数的标准差在三类企业中最大，说明中型非公有制企业履行企业社会责任的差异较大，客观评估分数位于90分（含）以上，以及70分以下的企业分别有13家和14家，占中型非公有制企业总数的比例分别为23%和25%，该比例明显高于大型非公有制企业的20%和17%，以及小型非公有制企业的10%和13%。

这里以北京兴科迪科技有限公司作为代表性企业，来展现中型非公有制企业履行社会责任的情况。

专栏2

北京兴科迪科技有限公司

北京兴科迪科技有限公司成立于2003年，是一家专业从事汽车电子产品研发、生产、经营的高新技术企业。从2010年企业稳定发展以来，坚持每年从盈利中提取一定比例捐献社会，打造了良好的企业形象。多年来，公司切实履行社会责任，坚持做富有社会责任感的企业，把共同利益高于一切作为企业精神，把发展经济和履行社会责任有机统一起来，把承担相应的经济、环境和社会责任作为自觉行为，把企业社会责任作为提高竞争力的基础，赢得了各级政府、广大消费者和社会各界的认可，陆续取得守信企业、中关村红诺可信用人单位等荣誉。2010 年 8 月，公司参加了中国共产党北京市委员会统一战线工作部组织的捐赠活动，在首都统一战线参与毕节试验区建设中做出了一定贡献，获得了捐赠证书，也取得了各级单位和领导的一致好评。

（3）对于大型非公有制企业来说，大多企业已经处于非公有制企业生命周期的第三阶段，即"成熟期"。其中，部分大型非公有制企业是经历了"孕育期和求生期"和"成长期"两个阶段的积累，进入一个良性循环的快速发展时期，企业规模扩大，在所处行业中已经确立了优势地位。非公有制企业由原来追求企业短期利润最大化逐步转为注重企业的长期利润最大化，与消费者、企业员工、债权人、供应商、代理商、社区等相关利益群体的接触日益丰富和频繁，关系也渐趋融洽。还有一部分大型非公有制企业是直接从国有大中型企业中转制过来的，原有企业与社会责任相关的制度安排使现在的企业已经形成了承担社会责任的"路径依赖"，企业必将继续承担部分社会责任。随着这些企业实力的增强，企业发展的许多方面（如企业家精神或魅力、企业文化）都会对社会产生一定程度的影响，企业的社会责任也应随之扩展，企业积极参与捐赠、扶贫等社会公益活动，支持环保、教育和社会福利事业，为所在社区服务等。由此可以看出，大型非公有制企业整体上都会较好地履行非公有制企业所应承担的各种社会责任。

在本次北京市非公有制企业履行社会责任现状的调研中，上述分析就体现为大型企业的社会责任客观评估分数的分布区间相对较为集中，其中有 23 家大型非公有制企业的社会责任客观评估分数位于 80 分（含）以上，占大型非公有制企业总数的 64%，客观评估分数的均值与排名第一的中型企业相差不大（仅为 0.42 分），且标准差最小，说明各个大型非公有制企业的客观评分最接近其平均值，整体履行企业社会责任的情况良好且较为稳定。

这里以北京佳讯飞鸿电气股份有限公司作为代表性企业，来展现大型非公有制企业履行社会责任的情况。

专栏3

北京佳讯飞鸿电气股份有限公司

北京佳讯飞鸿电气股份有限公司成立于1995年，是国内领先的智慧指挥调度服务提供商。佳讯飞鸿的产品广泛应用于国内外铁路、轨道交通、国防、石油、石化、电力、海关等多种行业。公司的产品在中国人民抗日战争暨世界反法西斯胜利70周年阅兵、国庆60周年阅兵、北京奥运安保、上海世博会安保、神舟系列及嫦娥系列通信保障等国家重大事项及科研工程中得到应用，并为多个国家重点铁路建设项目提供了重要通信保障。

作为一家成立了二十多年的非公有制企业，北京佳讯飞鸿电气股份有限公司时刻牢记"实业报国，回馈社会"的理念，不忘感恩社会，将企业利益与社会责任紧密结合在一起。多年来，佳讯飞鸿持续与青基会合作，捐建数所希望小学。在延庆的偏僻山区，河北的永宁山脚下，四川的嘉陵江中游，内蒙古的白音塔拉农场，云南的泸沽湖畔……都能看到佳讯飞鸿希望小学的爱心旗帜翻飞飘扬，无数挣扎在贫困泥沼的孩子们的人生也因此而彻底改变。佳讯飞鸿始终不忘初心，尽力所能及之事，扶困、济贫，以爱心之举不断实现自身社会价值。

B.7
北京市不同行业非公有制
企业社会责任比较

摘　要： 不同行业企业社会责任得分存在较大差异，不同行业对利益
　　　　 相关方的重视程度不同，导致在利益相关者方面履行社会责
　　　　 任的程度也是不同的，因此有必要对不同行业企业社会责任
　　　　 履行状况进行比较分析。本报告中的 194 家样本企业分属于
　　　　 工业（制造业）、建筑业和房地产业、商业企业（批发、零
　　　　 售、住宿、餐饮）、运输业、文化创意产业等 7 个行业。

关键词： 保障员工权益　诚信生产（服务）经营　维护国家利益
　　　　 参与社会公益

本部分内容是对不同行业企业社会责任情况进行的比较分析，各行业所
包含的企业数目及行业内企业社会责任得分情况如表 1 所示。

表 1　不同行业企业社会责任得分情况

单位：家，%

行业	企业数目	所占比例	行业最高分	行业最低分	行业平均分
工业（制造业）	11	5.7	92	51	81
建筑业和房地产业	12	6.2	93	37	73
商业企业（批发、零售、住宿、餐饮）	16	8.2	92	22	74
运输业	7	3.6	92	62	82
文化创意产业	14	7.2	94	0	66
教育、卫生、体育和娱乐业	129	66.5	96	0	65
金融业	5	2.6	85	70	80

由表 1 可知，不同行业企业社会责任得分存在较大差异，不同行业对利益相关方的重视程度不同，导致在利益相关者方面履行社会责任的程度有所不同，下文将比较分析不同行业的非公有制企业在社会责任总体得分、保障员工权益、诚信生产（服务）经营、维护国家利益、参与社会公益方面的具体情况。

一　总体得分的比较

非公有制企业社会责任总体得分最高的行业是运输业，行业平均分为82 分，运输业作为北京经济社会发展的重要组成部分，其社会责任主要体现在服务水平的提升、运输安全的保障、生态环境的保护等方面。然后是工业和金融业两个行业，行业平均分为 81 分和 80 分，教育、卫生、体育和娱乐业以及文化创意产业企业社会责任总体得分较低，行业平均分为 65 分和66 分。

194 家样本企业中属于工业（制造业）的有 11 家，企业社会责任总体得分最高的是北京宝丰钢结构工程有限公司（92 分），行业平均分为 81 分；属于建筑业和房地产业的有 12 家，企业社会责任总体得分最高的是建雄集团（93 分），行业平均分为 73 分；属于商业企业（批发、零售、住宿、餐饮）的有 16 家，企业社会责任总体得分最高的是北京百味绿春食品有限责任公司（92 分），行业平均分为 74 分；属于运输业的有 7 家，企业社会责任总体得分最高的是北京昌达物流集团有限公司（92 分），行业平均分为82 分；属于文化创意产业的有 14 家，企业社会责任总体得分最高的是北京华江文化集团（94 分），行业平均分为 66 分；属于教育、卫生、体育和娱乐业的有 129 家，企业社会责任总体得分最高的是北京兴科迪科技有限公司和北京银达物业管理有限责任公司（96 分），行业平均分为 65 分；属于金融业的有 5 家，企业社会责任总体得分最高的是康城投资（85 分），行业平均分为 80 分。

二 保障员工权益的比较

（一）保障员工权益评估结果

员工是公司从事生产经营活动所依靠的必不可少的力量，具有极为重要的地位。作为企业经营者和管理者，要注重保护员工的人身安全、身心健康和合法权益，为员工创造良好的工作环境、学习环境和发展通道，提供合理的工作报酬和工作保障，构建先进的企业文化和民主管理制度，才能提高企业对员工的吸引力和员工对企业的忠诚度。若企业积极履行对员工的责任，为员工提供健康舒适的工作环境、合理的薪资待遇和相关的岗位培训等，可以增加员工对企业的忠诚度和归属感，提高员工工作积极性，从而帮助企业获得更多的竞争力。反之，若企业不履行对员工的责任，存在不按时发放工资、不对员工进行培训、强制性加班或克扣加班报酬等现象时，会使员工消极怠工，影响企业竞争力的提升。

2016 年 8 月 4 日，北京市委、市政府印发《关于进一步构建和谐劳动关系的实施意见》，强调重点保障职工取得劳动报酬、休息休假、获得劳动安全卫生保护、享受社会保险、接受职业技能培训五大合法权益。基于此，本部分设计的保障员工权益这一评估维度包含：各类社会保险参保率，工资支付率，员工收入增长率，劳务派遣员工占员工总数的比例，员工人均年教育、培训经费，企业组织员工年体检率，员工享受法定带薪年休假率，加入工会员工比例，企业劳动合同签订率，劳保用品人均经费年增长率，员工安全事故伤亡率和保障员工权益的满意度共 12 个评估指标，汇总得到不同行业的企业在保障员工权益评估维度上的得分情况见表 2。

由表 2 可知，样本企业在保障员工权益方面整体做得比较好。尤其运输业在保障员工权益得分的行业中平均分最高（23 分）。交通运输行业在我国的经济发展中有着举足轻重的地位，是我国经济社会发展重要的组成部分，

表2 不同行业保障员工权益得分情况

行　业	行业最高分	行业最低分	行业平均分
工业（制造业）	23	19	22
建筑业和房地产业	24	20	22
商业企业（批发、零售、住宿、餐饮）	27	12	21
运输业	24	21	23
文化创意产业	23	10	17
教育、卫生、体育和娱乐业	24	2	18
金融业	23	20	21

是国民生产分配各个环节的纽带，决定着"中国速度"①。

属于运输业的非公有制企业在保障员工权益方面表现最好的是北京昌达物流集团有限公司（24分）。

专栏1

北京昌达物流集团有限公司：积极履责、保障员工权益

北京昌达物流集团有限公司在保障员工权益方面，公司各类社会保险参保率为100%，工资支付率为100%，员工收入增长率为8%，劳务派遣员工占员工总数的比例为10%，员工人均年教育、培训经费为3917元，企业组织员工年体检率为100%，员工享受法定带薪年休假率为100%，加入工会员工比例为60%，企业劳动合同签订率为100%，劳保用品人均经费年增长率为40%，员工安全事故伤亡率为0，保障员工权益的满意度为100%，2016年2月荣获中国质量认证中心的健康安全管理体系认证证书，其经验值得推广和借鉴。

工业（制造业）与建筑业和房地产业保障员工权益得分的行业平均分为22分，商业企业（批发、零售、住宿、餐饮）保障员工权益得分的行业平均分为21分，但是行业内样本企业之间差异较大，在保障员工权益评估

① 匡海波：《2014年度交通运输行业企业社会责任发展报告》。

维度上得分最高的是北京嘉和一品企业管理有限公司（27 分），该企业积极建立培训基地，培养各方面的优秀人才，为社会开展了万余人的专业资格培训，安排就业万余人次，为社会就业做出突出贡献。

这里以北京嘉寓门窗幕墙股份有限公司（简称"嘉寓股份"）作为代表性企业，来展现北京市非公有制企业在保障员工权益方面的良好实践。

专栏 2

嘉寓股份：让员工与公司共同成长

嘉寓股份的发展依赖员工的健康体魄和辛勤付出。2015 年公司为员工创造健康和正能量的工作环境，最大限度保证员工的职业健康安全和合法权益，实现员工与公司的共同成长。

按照国家有关政策、法规规定，嘉寓股份及时与入职员工签订劳动合同，劳动合同签订率100%；积极为员工参保社会保险，五险一金参保率100%；及时组织新入职员工加入工会组织，工会入会率保持在93%以上；同时每年组织一次全员免费体检，组织适龄女性参加两癌筛查、新入职员工体检、离职体检、职业健康检查、职业病危害因素检测。

2015 年，嘉寓股份员工人均年教育、培训时间 4 小时，人均培训经费67.4 元；2015 年员工人均收入7.16 万元，同比增长12%，工资支付率100%；在享受国家法定节假日外，嘉寓股份职工均还可享受婚丧假、产假、产期陪护假、哺乳假和带薪年休假，带薪年休假率95%；劳保用品人均经费年增长率2%以上；此外，嘉寓股份坚持每年为员工发放高温补贴、防暑降温费，为家庭困难职工发放困难补贴、为生日员工发放蛋糕卡、为员工婚嫁发放贺仪、为员工及其直系亲属丧葬发放慰问金，员工权益的满意度保持在90%以上。

（二）重点指标分析：员工收入增长率

在现代企业，对待员工的薪酬与福利问题，不再是简单地把员工收入看作劳动用工所应当支付的报酬，而是把薪酬福利看作劳动者基于个人自由意志而向企业出售劳力和智力所应当获得的价值体现，是企业吸纳人才、调动员工积极性的重要手段。因此，提高员工收入，对提高员工工作效率，促进企业的发展是有益的，其作用不容忽视。企业的稳定与发展很大程度上就是员工的稳定与发展，提高员工竞争力的同时也是提高企业的竞争力

员工收入包括员工为企业所做的贡献而获得的直接或间接的货币收入如基本工资、津贴、福利等。非公有制企业的员工收入增长率可在很大程度上反映企业对保障员工权益的履责情况。表3显示了样本中员工收入增长率排在前10名的非公有制企业所在的行业情况。

表3 员工收入增长率（前10名）

单位：%

序号	企业名称	所属行业	员工收入增长率
1	北京兰格电子商务有限公司	教育、卫生、体育和娱乐业	110
2	北京纵横大通网络技术有限公司	教育、卫生、体育和娱乐业	100
3	北京华厦恒建设集团有限公司	建筑业	100
4	九一金融信息服务（北京）有限公司	金融业	100
5	北京趣拿软件科技有限公司（去哪儿网）	教育、卫生、体育和娱乐业	95.50
6	北京益农缘生态农业专业合作社	教育、卫生、体育和娱乐业	50
7	北京澳特舒尔保健品开发有限公司	商业企业（批发、零售、住宿、餐饮）	40
8	北京九州电梯安装工程有限公司	工业（制造业）	40
9	北京尚德在线教育科技有限公司	教育、卫生、体育和娱乐业	40
10	北京德驿通程汽车销售服务有限公司	运输业	38.50

由表3可知，员工收入增长率前10名的非公有制企业主要是教育、卫生、体育和娱乐业（5家）；北京兰格电子商务有限公司员工收入增长率最高，达到了110%；其次是北京纵横大通网络技术有限公司和北京华厦恒建设集团有限公司，员工收入增长率为100%。

除此之外，排在第4位的九一金融信息服务（北京）有限公司属于金融业，排在第7位的北京澳特舒尔保健品开发有限公司属于商业企业（批

发、零售、住宿、餐饮），排在第 9 位的北京尚德在线教育科技有限公司属于教育、卫生、体育和娱乐业，排在第 10 位的北京德驿通程汽车销售服务有限公司属于运输业。

这里以去哪儿网作为代表性企业，来展现北京市非公有制企业在员工教育培训等方面的良好实践。

专栏3

去哪儿网：以人为本，提倡平等

去哪儿网是年轻的互联网技术公司，员工平均年龄仅 26 岁。近 8000 人的公司充满了平等：没有任何一个高管拥有自己的办公室；提倡"大声说话"，任何一个员工的建议都可以大胆表达，甚至直接驳斥 CEO，上下级之间直呼其名；在人才激励制度上，唯能者上。

除了给予追逐梦想的空间外，去哪儿网亦为员工提供业内领先的生活保障。2015 年，去哪儿网员工的薪金总额为 9.9 亿元，奖金总额为 7.5 亿元。去哪儿网与员工的劳动合同签订率达到 100%，为员工办理五险一金；为保障女员工权益，建立专属母婴室；定期组织体检，长期为员工提供心理咨询服务，在尊重员工隐私的前提下，充分保障员工身心健康。同时，去哪儿网注重为员工提供学习和培训机会，在内部沟通软件中，经常出现关于各类业务的交流、学习和分享，此外还有岗位培训、管理培训等多种形式。2014年、2015 年，去哪儿网连续获得"中国互联网年度最佳雇主""年度最佳人气雇主""年度最佳口碑雇主"等称号。

三 诚信生产（服务）经营的比较

（一）诚信生产（服务）经营评估结果

企业要长远发展，诚信生产（服务）经营是立身之本，首先就要断了假冒伪劣、以次充好的侥幸心理，应该建立具有市场影响力和产业号召力的品牌，提升核心竞争力，以实现可持续发展①。本部分设计的诚信生产（服务）经营这一评估维度包含：企业和解消费纠纷率、法定代表人信用情况、信用评估等级、各类业务合同履约率、已缴纳税款数共计 5 个评估指标，汇总得到不同行业的企业在诚信生产（服务）经营评估维度上的得分情况见表 4。

表 4　不同行业诚信生产（服务）经营得分情况

行　业	行业最高分	行业最低分	行业平均分
工业（制造业）	25	12	21
建筑业和房地产业	25	6	18
商业企业（批发、零售、住宿、餐饮）	25	5	17
运输业	25	16	21
文化创意产业	25	16	17
教育、卫生、体育和娱乐业	25	5	17
金融业	25	17	20

由表 4 可知，样本企业在诚信生产（服务）经营方面整体做得比较好。尤其运输业和工业（制造业）的诚信生产（服务）经营得分的行业平均分最高（21 分），运输业在诚信生产（服务）经营方面表现最好的企业是北京爱义行汽车服务有限责任公司（25 分），爱义行始终坚持诚信经营，在行业内屡获殊荣，获得 "全国汽车维修行业诚信企业""消费者满意单位""百万保证金先行赔付""ISO 9000 质量管理体系认证""守信企业""著名商标""首都文明单位" 等光荣称号；工业（制造业）在诚信生产（服务）经营方面表现最好的企业是九州电梯（25 分）。金融业诚信生产（服务）经营得分的行业平均分处在第 2 位（20 分），商业企业（批发、零售、住宿、餐饮）、文化创意产业以及教育、卫生、体育和娱乐业在诚信生产（服

---

① 林佳佳：《守法诚信经营是企业发展根本》，新华社，http：//www.zj.xinhuanet.com/newscenter/2012 - 04/17/content_ 25084006. htm，2012 年 4 月 17 日。

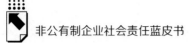

务）经营评估维度上的平均分最低（17 分），而且行业内企业间差异较大，行业最高分为 25 分，行业最低分为 5 分。

典型案例是韩建集团，韩建集团一直秉承"用户至上，诚信第一"的原则为社会提供服务。

专栏4

韩建集团：用户至上，诚信第一

韩建集团严格遵照国家和北京市的有关规定，按时按量为员工足额支付工资，缴纳社保费；鼓励员工参加岗位培训学习。对于取得专业技术资格的员工给予技术津贴，按规定组织员工带薪休假，定期为员工发放劳动防护用品。韩建集团工会广泛动员企业员工入会，定期组织企业员工开展户外运动、拓展训练等，积极参加房山区工会组织开展的各种文体活动，极大地丰富了员工的业余文化生活。

通过多年来的教育引导，"诚实守信"已经成为韩建人的广泛共识。全体干部职工始终秉承"用户至上，诚信第一"的管理理念，以科学化、标准化、现代化的管理和热情、诚实、周到的服务，为用户提供理想满意的建筑工程，确保对业主的承诺，在社会各界树立了良好的信誉和口碑。在合同履行过程中，韩建集团主动与甲方沟通协商，虚心听取甲方意见，努力达成共识，严格履行合同，确保合同履约率达到 100%；认真执行工程质量保修承诺，坚持工程竣工后回访和质量保修，得到了广大用户的广泛好评，树立了负责任的良好企业形象；在全国实施用户满意工程活动中成绩突出，根据市场用户评价，多次被授予"用户满意企业"和"用户满意工程先进单位"。2014 年和 2015 年，韩建集团施工总承包合同履约数分别为 112 项和 95 项，合同履约率达到 100%。

（二）重点指标分析：已缴纳税款数

依法纳税是体现企业社会责任感的试金石，也是衡量企业商业诚信的重要标尺。税款缴纳是指纳税人、扣缴义务人依照国家法律、行政法规的规定实现的税款依法通过不同方式缴纳入库的过程。纳税人、扣缴义务人应按税法规定的期限及时足额缴纳应纳税款，以完全彻底地履行应尽的纳税义务。表5 显示了样本中已缴纳税款数前 10 名的企业所在的行业情况及具体缴纳金额。

表 5　已缴纳税款数（前 10 名）

单位：元

序号	企业名称	所属行业	金额
1	北京嘉林药业股份有限公司	教育、卫生、体育和娱乐业	580000
2	松下电器(中国)有限公司	教育、卫生、体育和娱乐业	200000
3	北京八达岭金宸建筑有限公司	教育、卫生、体育和娱乐业	67120
4	北京趣拿软件科技有限公司(去哪儿网)	教育、卫生、体育和娱乐业	37742
5	北京蓝色光标品牌管理顾问股份有限公司	教育、卫生、体育和娱乐业	34270
6	北京东方慧博人力资源顾问股份有限公司	教育、卫生、体育和娱乐业	33710
7	合一信息技术(北京)有限公司	教育、卫生、体育和娱乐业	21800
8	包商银行股份有限公司北京分行	金融业	19101
9	北京佳讯飞鸿电气股份有限公司	教育、卫生、体育和娱乐业	16375
10	北京中公教育科技股份有限公司	教育、卫生、体育和娱乐业	15872

由表 5 可知，企业已缴纳税款数前 10 名的企业主要是教育、卫生、体育和娱乐业（9 家）；北京嘉林药业股份有限公司已缴纳税款数最多，为 580000.00 元，其次是松下电器（中国）有限公司，缴纳税款 200000.00 元，排在第 3 位的是北京八达岭金宸建筑有限公司，缴纳税款 67120.00 元。除此之外，排在第 8 位的包商银行股份有限公司北京分行属于金融业，是唯一一家缴纳税款数进入前 10 名的非教育、卫生、体育和娱乐业。

四　维护国家利益的比较

（一）维护国家利益评估结果

2015 年 1 月 13 日，中国民营经济国际合作商会（CICCPS）信息部发表了《中国民营企业走出去履行社会责任倡议书》，提出要"坚持以社会主义核心价值观为指导，积极拥护党的领导，坚决维护国家尊严，抵制一切诋毁国家、分裂祖国的言行，在关系到国家和民族利益的大是大非面前态度鲜明，立场坚定；自尊自爱，保持国格、人格，自觉维护国家形象和企业声誉"。[①] 企业要为融合发展、包容发展、促进各种所有制经济协调发展履行应尽的责任[②]。虽然企业的使命是效益最大化，但是企业在整个社会体系和利益体系的共生体中只是一个个体，在追求效益最大化的过程中，不应该把效益最大化作为目的，不应该把效益最大化作为核心价值，不应该，也不可能把公司利益置于人民利益、国家利益之上，不能置于法律道德之上。本部分设计的维护国家利益这一评估维度包含：就业贡献率、年纳税增长率、残疾员工占员工总数的比例、环保重点任务完成情况、人均水消费量、人均能源消耗量、慈善捐助占企业利润的比例共计7个评估指标，汇总得到不同行业的企业在维护国家利益评估维度上的得分情况见表6。

表6 不同行业维护国家利益得分情况

行　业	行业最高分	行业最低分	行业平均分
工业（制造业）	33	12	26
建筑业和房地产业	30	5	21
商业企业（批发、零售、住宿、餐饮）	31	5	24
运输业	33	12	26
文化创意产业	30	17	21
教育、卫生、体育和娱乐业	35	5	19
金融业	27	19	24

由表6可知，样本企业在维护国家利益方面整体表现很好。尤其是运输业和工业（制造业）维护国家利益得分的行业平均分最高（26分），运输

---

① 中国民营经济国际合作商会：《中国民营企业走出去履行社会责任倡议书》，http：//www. ciccps. org/News/Shownews. asp？ id＝534，2015 年 1 月 13 日。

② 李毅中：《在新起点上提升企业社会责任》，中国经济新闻网，http：//www. cet. com. cn/dfpd/bwdqzg/861269. shtml，2013 年 5 月 27 日。

业在维护国家利益方面表现最好的企业是北京华源亿泊停车管理有限公司
（33 分），工业（制造业）在维护国家利益方面表现最好的企业是北京宝丰
钢结构工程有限公司（33 分），该企业在维护国家利益方面，就业贡献率为
100%，年纳税增长率为 0.5%，残疾员工占员工总数的比例为 1.7%，人均
水消费量为 1.3 吨/年，人均能源消耗量为 6130 度电/人，慈善捐助占企业
利润的比例为 50%。

　　企业要将维护国家利益的使命融入企业日常生产经营和管理活动中去。
代表性企业是福润公司，遵从"爱国家，爱社会"，切实维护国家利益。

专栏 5

福润公司：爱国家，爱社会

　　福润公司在企业发展中，干部员工切实感受到了国家的政策给他们提供
了发展的机遇，在形成的感恩文化中有"八爱"，其中爱国家、爱社会是其
核心内容。

　　企业维护国家利益体现在三个方面，一是纳税为国家发展做贡献，二是
解决就业富一方百姓，三是注重环保为子孙后代持续发展。经初步统计与有
关部门核实，几年来福润公司向国家上缴税金上千万元，为社会提供就业人
员 200 余人。就业贡献率 43%，残疾员工占员工总数的 4%。提倡环保节约
资源，人均水消费量为 58.53 吨，人均能源消耗量为 10731 元。

　　节能减排是贯彻落实科学发展观、构建社会主义和谐社会的重大举措。
嘉和一品非常重视环保节能，处处践行环保理念，倡导节能减排。

专栏 6

嘉和一品：践行环保理念，倡导节能减排

　　中央厨房本身集约化、规模化生产，可以大量节约能源；采用全自动运水
烟罩设备，隔油效果可以达到 93%；顺义总部基地又安装了新型无污染锅炉，
且通过自主设计研发的回收装置将热处理过程中产生的蒸汽及蒸馏水直接导入

供暖系统，实现循环再利用，节能降耗，同时，安装有大量太阳能热水器，可以很好地使用热水又不增加碳排放量；门店使用节能蒸箱、节能灶具等产品，节能减排，环保重点重任基本完成。就业贡献率平均水平、年纳税增长率5.5%、慈善捐助占企业利润的比例为1%、环保重点任务基本完成、人均水消费量50.2吨、人均能源消耗量1.75吨标准煤、残疾员工占员工总数的比例为2%。

（二）重点指标分析：慈善捐助占企业利润的比例

企业的慈善捐赠是指企业以自己的名义自愿无偿将其有权处分的合法财产，赠送给合法受赠人用于与生产经营活动没有直接关系的公益事业的行为，这是一种应当予以鼓励和倡导的公益善举。在许多发达国家，慈善捐赠已成为企业向社会提供公共产品和公共服务的重要方式，它不仅对救济社会中的弱势群体、减轻国家的经济负担发挥了不可估量的作用，而且也增加了企业的品牌价值[1]。表7显示了样本中慈善捐助占企业利润的比例前10名的企业所在的行业情况。

表7　慈善捐助占企业利润的比例（前10名）

单位：%

序号	企业名称	所属行业	比例
1	北京远航兄弟文化传媒有限公司	教育、卫生、体育和娱乐业	80
2	北京澳特舒尔保健品开发有限公司	商业企业（批发、零售、住宿、餐饮）	52
3	北京宝丰钢结构工程有限公司	工业（制造业）	50
4	北京绿菜园蔬菜专业合作社	商业企业（批发、零售、住宿、餐饮）	50
5	北京搜狗科技发展有限公司	教育、卫生、体育和娱乐业	28
6	北京金寰亚管理咨询有限公司	教育、卫生、体育和娱乐业	23
7	北京康比特体育科技股份有限公司	教育、卫生、体育和娱乐业	21
8	北京每刻家美家政有限责任公司	教育、卫生、体育和娱乐业	20
9	北京益农缘生态农业专业合作社	教育、卫生、体育和娱乐业	20
10	北京通成网联科技发展有限公司	教育、卫生、体育和娱乐业	20

① 迟爱敏、王琪：《论企业的社会责任与慈善捐赠理念》，《山东师范大学学报》（社科版）2010年第4期。

由表7可知，企业慈善捐助占企业利润的比例前10名的企业主要是教育、卫生、体育和娱乐业（7家）；北京远航兄弟文化传媒有限公司慈善捐助占企业利润的比例最高，为80%，属于教育、卫生、体育和娱乐业；其次是北京澳特舒尔保健品开发有限公司，慈善捐助占企业利润的比例为52%，属于商业企业（批发、零售、住宿、餐饮）；排在第3位和第4位的是北京宝丰钢结构工程有限公司和北京绿菜园蔬菜专业合作社，分别属于工业（制造业）和商业企业（批发、零售、住宿、餐饮），慈善捐助占企业利润的比例为50%。

五　参与社会公益的比较

（一）参与社会公益评估结果

参与社会公益事业是企业的责任和需要。当今社会，企业履行社会责任已成为国际潮流，企业和社会之间的关系也在重新定义。一方面，社会要求企业在追求利润的同时兼顾环境和社会目标，承担企业公民的责任和义务，参与社会发展和公益事业；另一方面，为了对日益突出的环境和社会问题做出回应，保护自己的品牌与形象，企业更加注重履行社会责任[①]。随着中国特色社会主义市场经济的进一步深化及经济全球化的发展，企业的竞争日益复杂，产品同质化现象也越来越严重，单纯依靠质量、服务、价格等内部要素的竞争已不能保障企业的生存与发展。现代企业已不是单纯的经济组织，而是有一定社会使命的组织，企业应在合法获利的同时重视回报社会，将竞争的重点转向品牌建设、客户满意度等外部因素的建设上。

本部分设计的参与社会公益这一评估维度包含：注册志愿者占员工比例、企业志愿组织年人均志愿服务时间、企业参与各类社会公益活动的人次、社区对企业参与其建设的满意度共计4个评估指标，汇总后得到不同行业的企业在参与社会公益评估维度上的得分情况见表8。

---

① 蓝军：《推动企业积极参与公益事业》，《人民日报》2013年06月19日。

由表8可知，样本企业大部分都能做到积极参加社会公益，为社会贡献企业的一份力量，而且企业间差异不是很大。从样本数据上看，金融业参与社会公益得分的行业平均分最高（15分），金融业在参与社会公益方面表现最好的企业是康城投资（16分）；其次是工业（制造业），参与社会公益行业平均分为13分，工业（制造业）表现最好的企业是北京宝丰钢结构工程有限公司，该企业志愿组织年人均志愿服务时间为5小时，企业参与各类社会公益活动的人次为5人次，社区对企业参与其建设的满意度为90%。

表8　不同行业参与社会公益得分情况

行　业	行业最高分	行业最低分	行业平均分
工业（制造业）	16	8	13
建筑业和房地产业	16	10	12
商业企业（批发、零售、住宿、餐饮）	16	8	12
运输业	16	8	12
文化创意产业	16	10	11
教育、卫生、体育和娱乐业	17	2	11
金融业	16	12	15

非公有制企业中在参与社会公益方面表现突出的是暴风集团股份有限公司（暴风影音），提出了"暴风＋"的公益理念，创新了公益形式和内容。

专栏7

暴风集团：提出"暴风＋"的公益理念，创新公益形式和内容

暴风集团以软件技术为核心，围绕经济发展"新常态"、"互联网＋"、"十三五"规划、"中国制造2025"等国家政策，聚焦虚拟现实、暴风TV、直播等创新领域，不断创新，提前布局，为社会发展和经济转型推波助澜，为人们带来更多、更新、更好的产品和服务。

2015年5月，创始人冯鑫发起设立了"暴风公益"，提出"暴风＋"的公益理念，探索、打造具有互联网精神的创新公益形式和内容。目前，"暴风公益"开始运作三个项目：北京"听道讲坛"、暴风摇滚公益基金、与"上学路上"公益组织战略合作助力"小雨点广播计划"。2016 年 1 月 21 日,"暴风加油站"凭借"小雨点"广播站这一公益项目获评 2015 年度公益创新奖,暴风加油站 CEO 王蕾荣获 2015 年度公益人物奖。

(二)重点指标分析:企业参与各类社会公益活动的人次

企业参与社会公益活动,不仅能外显企业的价值取向,也承担了企业的社会角色责任和义务。公益活动能在最大限度上体现企业的核心价值观和企业文化精髓,企业的对外公益活动可有效提升企业的公众形象,消费者在同等条件下一般会优先选择热心慈善捐赠、扶贫、助学等公益活动的企业所提供的产品或服务,如此可提高企业经营利润,提升企业竞争力。中国慈善总会秘书长刘国林表示,一个成功的企业必定是一个具有公民意识和人文关怀的企业,作为企业公民,必须把握好企业与社会的共生关系。一方面,企业通过努力推动社会和谐、稳定、健康发展;另一方面,企业也受益于良好社会氛围。慈善是企业与社会和谐共生的一种方式,是对企业经济角色的一种补充与平衡。表 9 显示了样本中参与各类社会公益活动的人次前 10 名的企业所在的行业情况。

表 9　企业参与各类社会公益活动的人次(前 10 名)

单位:人次

序号	企业名称	所属行业	参与数量
1	北京远航兄弟文化传媒有限公司	教育、卫生、体育和娱乐业	11000
2	北京方佳物业管理有限公司	教育、卫生、体育和娱乐业	8000
3	北京中公教育科技股份有限公司	教育、卫生、体育和娱乐业	5000
4	泛华建设集团	教育、卫生、体育和娱乐业	3000
5	北京马应龙长青肛肠医院	教育、卫生、体育和娱乐业	2910
6	洛娃科技实业集团有限公司	教育、卫生、体育和娱乐业	2580
7	北京佳诚物业管理有限公司	教育、卫生、体育和娱乐业	2496
8	暴风集团股份有限公司	教育、卫生、体育和娱乐业	2000
9	新东方教育科技集团	教育、卫生、体育和娱乐业	1500
10	北京联合智业控股集团	金融业	1000

由表9可知，企业参与各类社会公益活动的人次前10名的企业基本上都是教育、卫生、体育和娱乐业。北京远航兄弟文化传媒有限公司有11000人次参与各类社会公益活动，在样本企业中参与各类社会公益活动人次最多；其次是北京方佳物业管理有限公司，8000人次参与各类社会公益活动；排在第3位的是北京中公教育科技股份有限公司，5000人次参与各类社会公益活动。

样本企业整体参与社会公益状况良好，本部分选取北京泰华集团积极回馈社会的行为作为典型代表。

专栏8

北京泰华集团：不忘初心，积极回馈社会

多年来，北京泰华集团在做好企业的同时不忘回馈社会，一直热衷于社会公益事业。从20世纪80年代的捐建幼儿园、道路、桥梁等各种形式的公益捐助到逐步将"教育公益事业"确定为集团公益事业建设的重点方向之一，集团捐助的学生由小学生、中学生到大学生到研究生，并先后与陕西教育基金会、房山宏志班、中国政法大学、清华大学等合作开展了定点捐资助学，捐助学生超过2500人。2008年，集团出资在北京市慈善协会设立"泰华慈善助学专项基金"账户，主要用于助学、济困等慈善救助项目，每年向本专项基金注入善款。因此，集团2009年被中华慈善协会授予中华慈善突出贡献奖。从此，泰华的公益事业更加地规范化和程序化。2013～2014年，泰华资助了北京乐平公益基金会主办的以推动中国儿童教育公平发展为目的的"千千树儿童之家"项目，捐助了"燕京小天鹅公益学校"。为进一步推动和发展首都的慈善公益事业，持续释放更多的正能量，2016年泰华集团再次实施捐资助学计划，与四川省达州市政府合作，资助由达州市负责提供和考察的当地低保户、困难户中考入北京院校且品学兼优的贫困学子20多人。

B.8
北京市上市与非上市的非公有制
企业社会责任比较

摘　要：　为进一步深入了解北京市非公有制企业在承担企业社会责任
方面的具体情况，本报告对上市与非上市的非公有制企业进
行对比分析。通过对此次收集的 194 家企业提供的数据进行
统计，可以发现不论是上市公司还是非上市公司，参与调研
的大部分非公有制企业都可以较为良好地承担企业社会责任，
而且这些企业在履行社会责任上的综合得分和上市与否并无
显著关系。同时可以看到，在企业社会责任上表现优异的非
公有制企业一般都具有良好的经营业绩，它们的表现证明非
公有制企业承担更多的社会责任可以带来更高的企业价值，
而长期优秀的业绩表现以及履行社会责任所带来的企业知名
度和美誉度都可以增加非公有制企业未来成功上市的筹码和
机会。即便同为上市企业，上市地点的不同也会给企业承担
社会责任及披露相关信息带来影响，所以本报告还引入了两
个典型案例，分别是京东公司和暴风集团公司，作为在美国
上市和在中国创业板上市的代表企业，对比它们在承担企业
社会责任方面的不同之处。

关键词：　上市　非上市　京东公司　暴风集团

随着经济的高速发展，企业社会责任逐渐得到学术界、公众、消费者、
政府等不同社会主体的普遍关注。2006 年 9 月，深圳证券交易所发布了

《上市公司社会责任指引》，2007 年 12 月国资委出台了《关于中央企业履行社会责任的指导意见》，2008 年 5 月上海证券交易所发布了《上市公司环境信息披露指引》，这些规定均对上市公司履行社会责任和披露相关信息作出了指导和规范。自此，我国企业履行社会责任的信息披露日渐规范和普及，但因企业性质、企业规模、所处行业的地位和所在地的经济发达程度等因素的影响，企业承担社会责任的水平和信息披露质量亦会存在差异。

对于非公有制企业来说，随着我国经济的快速繁荣发展，它们也迎来了高速发展的机遇期。与此同时，其在企业社会责任方面的投入力度也不断加深，许多具有影响力的企业家联盟和企业慈善家应运而生。非公有制企业在促进经济发展、解决就业等问题上发挥了重大作用，在履行企业社会责任方面却暴露了许多社会问题。中国社会科学院发布的《中国企业社会责任发展指数报告 2009》所披露的信息表明，央企社会责任评估指数（43.1 分）远远高于非公有制企业（17.9 分）。由中国社会科学院经济学部企业社会责任研究中心、新华网等多家机构联合编著的《中国企业社会责任报告白皮书（2014）》则显示，从报告实质性突出、定量数据披露程度以及负面数据的披露这三个方面来看，我国非公有制企业的社会责任披露远远落后于国有控股企业①。有学者研究表明，国有持股和外资参股对企业承担社会责任有显著正向影响，而非公有制控股对企业社会责任承担有显著负向影响。为了进一步了解北京市非公有制企业在承担企业社会责任方面的具体情况，本部分将对上市与非上市的非公有制企业进行对比分析。

一　北京市企业上市信息统计

在全国 A 股市场中，北京企业无疑是最活跃的力量之一。北京上市公司协会发布的最新统计数据显示，截至 2016 年 7 月底，北京辖区 A 股上市公司已达 270 家，占全国 A 股上市公司总数的 9.36%，在中国证监会 36 个

---

① 吕牧、尹世芬：《股权性质对企业社会责任的影响》，《财会月刊》2015 年第 24 期。

监管辖区中排名第二，总市值更是占到全国上市公司总市值的近 1/4。资本助力之下，北京上市企业的发展令人瞩目，也带动首都经济加快转型升级。目前，北京辖区内 270 家 A 股上市公司中，非公有制企业已占半壁江山，数量达到 143 家。从上市板块看，主板公司有 142 家、中小板公司 46 家、创业板公司 82 家。

值得关注的是，北京辖区 270 家上市公司体量规模较大。尽管在数量上不足 A 股上市公司总数的 10%，总股本却超过 2.3 万亿股，占到全国 A 股上市公司总股本的 42.90%，超过四成；公司总市值也超 11.5 万亿元，占全国上市公司总市值的 24.68%，接近 1/4。随着"大众创业、万众创新"风起云涌，北京辖区内创业板公司的总股本和总市值，占比双双超过全国的 1/5，说明北京创新创业硕果累累，对全国起到引领作用。

上市企业的一大优势是可以积极利用多层次资本市场平台开展直接融资，降低企业融资成本。统计显示，截至 2016 年 7 月底，北京辖区上市公司已累计筹资 2982.78 亿元。东方时尚、中国核建、恒泰实达、中国电影等 6 家新上市公司，2016 年首次公开募股金额共超 80 亿元。相关企业还通过定向增发、配股、发行优先股、发行公司债等形式融资 2900 多亿元，如立思辰公司此前通过定向增发募集资金近 18 亿元，将部分用于互联网教育云平台建设及智能教育机器人研发等①。

二 上市与非上市的非公有制企业履行社会责任数据统计

在本次北京市非公有制企业社会责任评估中，共收到来自北京 6 个城区、9 个远郊区，以及 12 家中介组织的 194 家企业的社会责任报告。本报告内容是对北京市非公有制企业中上市公司与非上市公司履行的企业社会责任进行比较分析。根据企业提供的信息以及多方查证，参与调研的 194 家非

---

① 唐顺莉：《我国民营上市公司社会责任信息披露现状研究》，《商业会计》2014 年第 1 期。

公有制企业中仅有 11 家为上市公司，其余 183 家企业均为非上市公司。11 家上市公司中在 A 股上市的有 5 家，国外上市的有 6 家。

在本研究构建的"北京市企业社会责任评估指标体系"中，根据各个评估指标所能反映企业履行社会责任的不同重要程度，分别赋予 28 个评估指标不同的权重，即赋予 28 个评估指标 2～5 分不等的分值，并采用百分制对企业履行社会责任的各个方面进行综合评分，最终以综合评估分数的高低反映各个企业承担社会责任的整体情况。

（一）上市与非上市的非公有制企业综合评分的分布区间

依据上述社会责任评估指标体系，按照上市与非上市的划分，北京市 194 家非公有制企业履行社会责任的综合评分分布情况如表 1 所示（采用百分制）。

表 1　上市与非上市企业履行社会责任综合评分（百分制）

单位：家

企业类型	≥90	80～90	70～80	60～70	<60
上　市	3	2	1	1	4
非上市	13	63	51	18	38

从表 1 所示的综合评分的统计结果，可以看出以下结论。（1）在 11 家上市的非公有制企业中，有 3 家企业的社会责任综合评估分数位于 90 分（含）以上，占上市企业总数的 27%；有 2 家企业的社会责任综合评估分数位于 80 分（含）到 90 分之间，占上市企业总数的 18%；有 1 家企业的社会责任综合评估分数位于 70 分（含）到 80 分之间，占上市企业总数的 9%；有 1 家企业的社会责任综合评估分数位于 60 分（含）到 70 分之间，占上市企业总数的 9%；还有 4 家企业的社会责任综合评估分数低于 60 分，占上市企业总数的 36%（见图 1）。

（2）在 183 家非上市的非公有制企业中，有 13 家企业的社会责任综合评估分数位于 90 分（含）以上，占非上市企业总数的 7%；有 63 家企业的

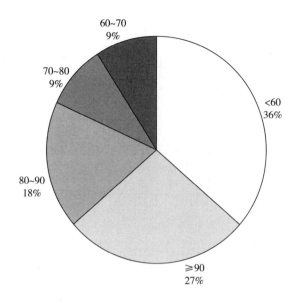

图 1　上市企业社会责任综合评分分布

社会责任综合评估分数位于 80 分（含）到 90 分之间，占非上市企业总数的 34%；有 51 家企业的社会责任综合评估分数位于 70 分（含）到 80 分之间，占非上市企业总数的 28%；有 18 家企业的社会责任综合评估分数位于60 分（含）到 70 分之间，占非上市企业总数的 10%；还有 38 家企业的社会责任综合评估分数低于 60 分，占非上市企业总数的 21%（见图 2）。

（二）上市与非上市企业综合评分数据的描述性汇总

为了更好地了解北京市上市与非上市的非公有制企业履行社会责任的现状，获得企业综合评分数据的总体印象和典型特征，本研究还进一步分析了这些企业社会责任综合评分数据的描述性汇总情况，包括最高分、最低分、中心趋势及离散程度。其中，研究选取均值作为度量综合评分数据中心趋势的指标，而评分数据的离散程度则选用标准差作为度量指标。上市与非上市企业履行社会责任的综合评分数据的描述性汇总结果如表 2 所示（采用百分制）。

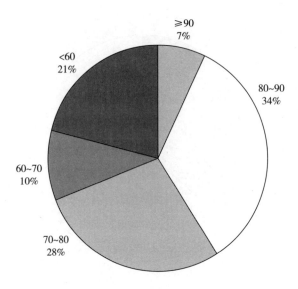

图 2　非上市企业社会责任综合评分分布

表 2　上市与非上市企业社会责任综合评分的描述性汇总（百分制）

单位：家

企业类型	企业数目	最高分	最低分	平均分	标准差
上　　市	11	97	21	66	27.2
非上市	183	96	10	71	23.4

从表 2 所示的综合评分数据的描述性汇总结果可以看出：参加此次调研的上市公司在企业社会责任上的得分有很大差异，虽然只有 11 家公司，但其社会责任平均得分低于 183 家非上市企业的平均得分，而且标准差也较大。这个结果说明上市公司在履行企业社会责任方面的表现并不优于非上市公司，而且即便同为上市公司，在承担企业社会责任上仍然存在很大的差异。这一结果有可能是因为大部分已上市并在企业社会责任方面表现良好的非公有制企业没有参与此次调研，从而造成了数据偏差。不过从前面的分析中，我们起码可以看到北京市非上市的非公有制企业在履行企业社会责任方面普遍表现良好，大部分综合得分在 70 分以上。

通过对北京市上市与非上市的非公有制企业履行社会责任进行比较分析，可得出如下结论：不论是上市公司还是非上市公司，参与调研的大部分北京市非公有制企业都可以较为良好地承担企业社会责任，而且这些非公有制企业在履行社会责任上的综合得分和是否上市并无显著关系。同时可以看到，在企业社会责任上表现优异的非公有制企业一般都具有良好的经营业绩，它们的表现证明，非公有制企业承担更多的社会责任可以带来更高的企业价值，而长期优秀的业绩表现以及履行社会责任所带来的企业知名度和美誉度都可以增加非公有制企业未来成功上市的筹码和机会。

当然我们也注意到，还有一些非公有制企业对于承担社会责任或者披露相关信息持消极态度，针对这种情况，建议从以下三方面进行改进。①政府应该建立和完善非公有制企业社会责任管理体系，深化非公有制企业对社会责任的认识，规范这些企业披露的社会责任信息。非公有制企业应该认识到及时、规范和自愿披露社会责任信息是提升企业形象、增加企业价值的重要手段①。②制定相应的行业标准，建立分行业社会责任报告披露体系。该体系应规定具体的披露内容、定性信息和定量信息，以避免上市公司逃避披露不利于树立企业形象的社会责任信息。③建议对社会责任报告增加意见反馈和第三方审计，加强报告信息的真实性和有效性②。

三 上市的非公有制企业履行社会责任的具体案例

由于参加此次北京市非公有制企业社会责任评估的上市公司较少，样本不足，参与调研的上市公司提供的信息也不够详细，不足以显示上市公司在承担企业社会责任上的优势。本节选取京东公司和暴风集团公司作为典型案

---

① 沈洪涛、金婷婷：《我国上市公司社会责任信息披露的现状分析》，《审计与经济研究》2006 年第 3 期。
② 汤亚莉、陈自力、刘星、李文红：《我国上市公司环境信息披露状况及影响因素的实证研究》，《管理世界》2006 年第 1 期。

例，用来展示北京市的上市非公有制企业在履行企业社会责任方面的优秀表现。

（一）京东的企业社会责任报告

京东（JD）是中国最大的自营式电商企业，2014 年 5 月，京东在美国纳斯达克证券交易所正式挂牌上市，是中国第一个成功赴美上市的大型综合型电商平台。《京东企业社会责任报告（2004～2013）》是京东发布的首份企业社会责任报告，报告回顾了京东在过去十年面临过的机遇与挑战，同时总结相关的社会责任实践和绩效。

从京东发布的首份企业社会责任报告中可以看出，作为北京市的优秀非公有制企业，京东在承担社会责任方面表现非常优异。在保障员工权益、诚信生产（服务）经营、维护国家利益和参与社会公益四个维度上的诸多做法都值得其他非公有制企业学习。京东的发展经历也证明，非公有制企业积极履行社会责任对于企业的业绩表现具有正面影响，企业的社会责任感越强，其在消费者和其他利益相关者心目中的地位也会越高，从而产生的口碑效应将会大幅提升企业的顾客满意度和社会美誉度。对于非上市的非公有制企业来说，具有较强的社会责任感将十分有利于企业未来申请公开上市以获得公众的认可和资本市场的追捧。这也是京东在 2013 年，即公司上市前夕发布首份企业社会责任报告的重要原因。由于该报告内容非常丰富，篇幅太长，为了便于分析，现将原文的重要内容摘录成专栏 1。

专栏 1

《京东企业社会责任报告（2004～2013）》摘要

京东建立了"五为"社会责任实践路径图，为客户、合作伙伴、员工、环境和社会承担责任。

一、为用户提供简单快乐的生活体验

追求创新。创新是京东满足客户需求、实现企业可持续发展的原动力。从 2004 年只经营 IT 产品发展到 2013 年的 13 大品类、数万个品牌、约 1000

万种优质商品，十年来，不断丰富产品品类，为消费者提供全面的购物选择。另外，还推出了"211限时达"等行业标杆配送服务，建设了以"亚洲一号"为典范的自营仓储物流系统，以期通过创新，不断为消费者提升购物体验。

保障品质。商品质量和服务质量是满足客户要求的根本。京东客服部秉持"客户体验不断改善京东运营""服务速度和专业超越同行""高效、精确业务运营能力"的服务原则，以确保商品质量和快速送达为基础，打造全方位的服务体系。同时，京东客服部在组织架构、体系监控和员工培训等方面采取措施，将质量控制和高效运营融入自身管理体系，不断提升品质保障能力。

高效便捷的物流配送。2009年初，京东成立物流公司，布局全国物流体系。截至2013年6月，京东已在全国超过360个核心城市开展自营物流配送及仓储，为当地用户提供211限时达、次日达、夜间配、定时达、极速达等高效快速的配送服务。另外，京东正在建立亚洲范围内最大处理能力和最高处理效率的电商物流运营中心——"亚洲一号"，以保证用户更充分享受"足不出户，坐享其成"的便捷。

心服务体系。十年来，京东致力于通过不断优化的服务引领网络零售市场，为中国电子商务行业树立诚信经营的标杆。京东在为消费者提供正品行货、机打发票的同时，推出"211限时达"配送服务，在全国实现"售后100分"服务承诺，随后又推出"全国上门取件""先行赔付""7×24小时客服电话"等专业服务。2011年初，京东推出"GIS包裹实时跟踪系统"；3月，京东获得ACER宏碁电脑产品售后服务授权，同期发布"心服务体系"，京东开创了电子商务行业全新的整体服务标准。京东已向全国1170个区县提供自营配送服务，支持货到付款、POS机刷卡和售后上门服务。

二、为合作伙伴提供值得信赖的发展机遇

合作伙伴是京东价值链不可或缺的组成部分，秉持诚信、合作、交友、共赢的原则，京东致力于与合作伙伴建立最为融洽的合作关系，不断探索发展新型商业机会、开拓新的商业模式，共同打造一个完善的电子商务产业链和生态环境。京东致力于建立完善规范的采购体系，以公正、透明的采购管理模式保护合作伙伴和供应商利益，帮助合作伙伴提升社会责任意识和管理能力，携手合作伙伴打造责任供应链。

三、为员工提供实现理想的发展平台

京东一直致力于成为行业领导者，每一位京东人价值的实现与提升，都将有助于实现目标。十年来，京东奉行"先人后企"的发展理念和员工承诺，不断为员工创造成长和发展空间，努力让每一个员工家庭拥有尊严和体面的生活。十年来，京东致力于为客户提供优质服务、实现企业价值的同时，十分注重员工的职业发展与生活保障。为员工持续提供极富竞争力的薪酬福利、系统的培训体系等职业发展支持，鼓励和组织员工成立俱乐部、开展文娱生活，推出爱心基金、安居计划等员工关怀措施。

四、为环境积极倡导绿色生活方式

相较于传统线下零售商的经营模式，京东引领的电商运营模式更为低碳环保，更符合人们对于绿色生活方式的追求。京东致力于成为中国绿色电商企业的代表，未来将继续联合广大合作伙伴，与专业机构协同合作，不断提升绿色仓储、绿色包装和绿色物流等综合服务能力，努力降低全产业链企业运营和发展对环境的负面影响。

五、为社会以不断创造社会价值为己任

自 2004 年至今，京东在解决社会就业、扶贫救灾、支持教育、救助大病、保障老年人福利、义卖滞销农产品等多个方面做出了积极努力，超过万人因此直接受益。截止到 2012 年底，京东共资助了 1000 余名贫困学生，帮助他们解决学习和生活上的经济困难；救助了 5000 余名受灾民众；为救治大病儿童捐赠 350 余万元医疗费；提供助学基金超过 100 万元；设立地方救助基金会并每年投入 200 万元；支持教育事业，为中国人民大学等学校捐助超过 500 万元。

（二）暴风集团的企业社会责任报告

本部分还选取参加了此次调研并获得较高评分的暴风集团股份有限公司

作为上市非公有制企业的案例代表。暴风集团此次披露的企业社会责任报告如专栏2所示。

专栏2

暴风集团企业社会责任报告

一、公司概况

暴风集团股份有限公司成立于2007年1月，是中国知名的互联网视频企业。2015年3月24日成功在深圳创业板上市后，公司确立全球"DT大娱乐"战略，在稳步发展原有互联网视频业务的基础上，公司以虚拟现实（VR）、智能家庭娱乐硬件、在线互动直播、影视文化为新增长点。

二、暴风集团社会责任实践

（一）股东和债权人权益保护

1. 完善治理结构，促进公司发展

公司建立了较为完善的公司治理结构，形成了完整的内控制度，设立了股东大会、董事会、监事会（以下简称"三会"）和法人治理结构，组织机构分工明确、职能健全清晰，与股东不存在任何隶属关系。

2. 完善企业制度，加强公司管理

公司建立、健全公司治理的制度体系，充分发挥董事会的决策能力，提高独立董事、监事会的监督权威和效能。

3. 履行披露义务，公平对待投资者

公司在接待个人及机构投资者实地调研时，严格按照《上海证券交易所上市公司公平信息披露指引》的要求，确保信息披露的公平性，切实保护了投资者的合法权益，树立了良好的公司形象。

（二）职工权益保护

1. 规范用工，注重依法保护职工的合法权益

公司严格按照《劳动法》《劳动合同法》及相关法律法规的要求，与所有在职职工签署劳动合同，实行按劳分配、同工同酬，为所有与公司建立了劳动关系的在岗职工足额缴纳各项法定社会保险和福利。此外，公司严格执

行职工带薪年休假制度，定期组织职工进行健康体检，根据国家法律规定充分保障职工的信仰自由以及女职工的合法权益。

2. 健康与安全方面

公司注重员工的安全教育与培训，对于新入职员工，实行"先培训，后上岗"的安全教育培训制度，培训率达到100%。公司设立了安全教育多样化的目标，经常开展消防安全知识培训，有效提高职工的安全意识和自我保护能力。

3. 人才强企，注重公司与员工的共同发展

公司长期实施"人才强企"战略，建立和完善了公开、平等、竞争、择优的选人用人机制，开展职工教育培训，促进员工全面发展。暴风集团本着"以人为本"的管理理念，注重员工的能力培养，为员工的职业发展进行规划，帮助员工成长。

4. 民主管理，注重保障职工参与公司治理

公司已依据《公司法》和《公司章程》的规定，建立起以职工代表大会制度为基本形式的职工民主管理制度，建立起职工监事选任制度，涉及生产经营、管理及职工工资、福利方面的重大事项交职代会审议；除国家法律、法规规定的保密事项和商业秘密外，公司重大事项均向职工公开，切实保障职工对企业重大事项的知情权和参与权，确保职工在公司治理中享有充分的权利。

（三）诚信生产经营

暴风集团一直严格遵守《中国互联网行业自律公约》，坚持自律与诚信，勇于承担企业社会责任，诚信经营，维护公平竞争，坚持开放合作的态度，共同发展。一切，只为有意义。

1. 建立健全各项审查制度，保障网站内容绿色健康

暴风集团一直严格按照《广电总局关于进一步加强广播电视节目制作经营活动管理工作的通知》要求对广播电视节目制作、经营活动管理进行严格的自查及自律。不断建立和完善网站的节目内容审查制度、节目播出管理制度、信息安全保障措施，通过"关键字过滤技术""网络视频对比信息

库""三审三校制""编辑岗位责任制"等滤除有害信息，净化网站环境，防范网络攻击风险。

2. 为社会责任放弃商业利益，开展清理低俗广告行动

为保证网民能够健康观影、更好地享受视频播放，暴风集团积极参加"净网行动"，在不惜损失上千万年收入的情况下进行广告物料净化检查，开展"去广告"行动，开通反低俗广告热线电话，彻底清除暴风影音各平台上的所有低端低俗广告。

（四）社会公益事业

暴风集团自成立之初一直关注公益事业，也从未停止公益行动的脚步。2015 年 5 月，公司创始人冯鑫发起设立了"暴风公益"，提出"暴风＋"的公益理念，探索、打造具有互联网精神的创新公益形式和内容。

目前，"暴风公益"开始运作三个项目：北京"听道讲坛"、暴风摇滚公益基金、与"上学路上"公益组织战略合作助力"小雨点广播计划"。

2016 年 1 月 21 日，"暴风加油站"凭借"小雨点"广播站这一公益项目获评 2015 年度公益创新奖，"暴风加油站"CEO 王蕾荣获 2015 年度公益人物奖。

（三）京东与暴风集团的对比分析

由于暴风公司是 2015 年 3 月成功在深圳创业板上市，而京东则是于 2014 年 5 月在美国纳斯达克证券交易所正式挂牌上市，通过两个案例的比较分析可以看出上市地点的不同对企业披露自身的社会责任信息有什么影响。

企业披露社会责任信息应该满足几个基本原则，具体分为：①主动性。企业向社会主动披露经济责任、法律责任、社会公益和环境等信息。②公开性。利益相关方能够通过公开渠道较为方便地获取相关信息。③实质性。这些信息能够切实地反映企业履行社会责任的水平。④时效性。这些信息能够反映企业最新的社会责任实践。

作为上市公司，京东和暴风两家公司都可以做到主动和公开地披露社会

责任信息，同时其披露的信息具有实质性和时效性，符合信息披露的基本原则。但是从履行社会责任的具体内容来看，京东的社会责任报告更加翔实，涵盖的范围也较广，可以充分体现作为一家在全球都具有影响力的大型电子商务平台应该具有的风采。而暴风集团则是刚在创业板上市的互联网视频公司，不论是其企业影响力还是规模体量都无法与京东相抗衡，所以披露的社会责任信息相对简单，企业承担的社会责任强度也会小很多。可以看出，国内外资本市场的环境差异较大，国内资本市场的规范性还有待加强和完善，非公有制企业选择不同的资本市场公开上市会显著影响其发布的社会责任报告质量。

B.9
北京市不同所有制企业社会责任比较

摘　要：　本报告根据不同所有制的分类，将194家北京市非公有制企业的企业社会责任情况与国有企业、外资企业进行对比，从样本特征分布比较中发现，非公有制企业所处行业较为单一，偏向基础行业；通过对报告总体质量的对比，发现非公有制企业的社会责任报告质量还需要较大的提升。此外，本次调查还抽样了7家北京市国有企业，将其社会责任报告结果与非公有制企业对比，发现非公有制企业在诚信生产（服务）经营和维护国家利益方面表现较好，但是在维护员工利益和参与公益事业方面仍然有待加强。同时，本报告也从机会和挑战并存的角度对北京市非公有制企业的发展现状进行了阶段性特征分析。

关键词：　非公有制　国有企业　外资企业

党的十八大报告指出，"应毫不动摇鼓励、支持、引导非公有制经济发展，保证各种所有制经济依法平等使用生产要素、公平参与竞争、同等受到法律保护"。积极践行非公有制企业在经济市场、社会发展和保护环境方面的责任，对于加快完善社会主义市场经济体制和转变经济发展方式具有重要的战略意义。本部分在"北京市非公有制企业社会责任发展报告"研究框架的基础上，分析不同所有制的企业社会责任，将北京市非公有制企业、中国国有企业100强企业和中国外资企业100强企业的企业社会责任践行情况作对比，以把握北京市非公有制企业社会责任的发展现状。

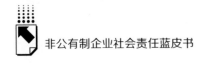

一 样本特征分析

本次调查覆盖了北京市 194 家非公有制企业,涉及 8 个行业,样本规模较大、行业分布广,具有较强的代表性。具体而言,样本企业分属于工业(制造业)、建筑业、批发贸易业、食品饮料业、运输业、房地产业、文化创意产业和金融业。

(一)中国国有企业100强企业的行业分布情况

2016 年中国国有企业 100 强行业分布广泛,覆盖 25 个行业,主要涉及的行业是建筑业 8 家,银行业 6 家,交通运输服务行业 6 家,一般采矿业务、石油和天然气开采与加工业、批发贸易业等 6 个行业均各有 4 家,通信服务和食品饮料业各有 2 家。值得一提的是,中国国有企业 100 强中,占最大比例的是跨多个行业(即混业)的国有企业,共有 15 家。

(二)中国外资企业100强企业的行业分布情况

《中国企业社会责任报告(2016)》显示,2016 年中国外资企业 100 强中美资企业最多,达到 38 家;其次分别是日本、英国、韩国等国家的企业。其中,外资企业涉及的行业少于中国国有企业,占 22 个行业,但跨行业经营的企业仍占主导地位。其他主要行业为:交通运输设备制造业 15 家、食品饮料业 8 家、电子产品及电子元件制造业 7 家、石油和天然气开采业与加工业 6 家、医药生物制造业和机械设备制造业各 5 家,包括工业化学品制造业在内的其他行业均在 5 家以下。

(三)不同所有制企业的行业分布情况对比

由于区域经济、产业格局等因素的影响,与中国国有企业和中国外资企业的行业分布情况不同,北京市非公有制企业主要分布的行业是:教育、卫生、体育和娱乐业。在对比建筑业,批发、零售和餐饮业,运输业、金融业，石油和天然气开采业这五大行业中可以看出，北京市非公有制企业在批发、零售和餐饮行业中表现较好，数量较多，占所有调查企业的10%。而由于受到各种条件的限制，本次调查中未涉及石油和天然气开采的行业。

值得一提的是，中国国有企业100强企业和中国外资企业100强企业中，占有主导地位的是混合业企业，即企业涉及多个不同的行业。然而，由于发展规模和企业资本等条件的限制，北京市非公有制企业中涉足混合业的企业较少，主要是处于单一行业的企业。混合业是非公有制企业发展规模的重要体现，这也是其未来发展的方向之一。

不同所有制企业所处行业的差异，具体对比如图1所示。

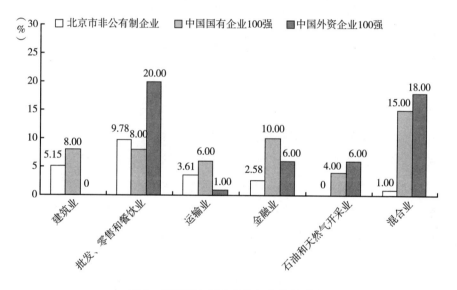

图1 不同所有制企业的行业差异对比

在国家一系列刺激性经济政策的推动下，创新型非公有制企业应运而生。互联网行业是传统金融行业与互联网趋势相结合的新领域。在以互联网企业为代表的行业中，各企业不断加大研发投入力度，依托互联网技术对现有产业进行升级改造，积极探索转型升级路径，主动进军新型产业。但是，由于缺少央行的资金监管和行业约束，互联网行业的企业在合规运营和风险管理方面存在不可忽视的问题，需要提高此类企业在员工的权益保障和诚信生产（服务）经营方面的社会责任信息披露水平。

北京市非公有制企业的社会责任与中国国有企业在行业表现上有较大差异。北京市非公有制企业中，企业社会责任总体得分最高的行业是运输业，行业平均分为 82 分；其次为工业制造业 81 分、金融业 80 分；得分最低的是房地产业，行业平均分仅为 63 分；教育、卫生、体育和娱乐业以及文化创意产业的企业社会责任总体得分也较低。在中国国有企业 100 强企业中，企业社会责任发展指数最高的行业是电力行业，达到四星级水平，处于领先者阶段。特殊设备制造业、家电行业、银行业、石油石化 4 个行业的社会责任发展达到三星级水平，处于追赶者阶段；而机械设备制造、汽车行业等处于二星级水平，处于起步者阶段。互联网行业、互联网金融平台的社会责任管理与信息披露水平较低，处于旁观者阶段。

二 责任报告质量分析

对比北京市非公有制企业社会责任报告与其他所有制企业社会责任报告情况，非公有制企业、国有企业和外资企业的披露信息差异较为显著。具体来看，北京市非公有制企业披露财务类信息较为完善，主要覆盖诚信生产（服务）经营的部分，包括企业和解消费纠纷率、法定代表人信用情况、信用评估等级、各类业务合同履约率等内容。但是，非公有制企业对科技创新和供应链管理信息披露不足。相比较而言，外资企业在供应链管理信息披露方面表现较好，究其原因，跨国公司的本地化运营和全球资源整合是其商业运营的关键，也是社会责任报告披露的重点信息，而北京市非公有制企业由于业务规模较小，资源整合能力相对较弱。

相比国有企业和外资企业的社会责任报告披露信息，北京市非公有制企业的披露信息尚待完善。第一，在企业履行社会责任基本情况中，部分非公有制企业仅披露了简单的信息，例如，设立了困难职工子女大病救助金，积极为员工解决住房等一系列生活问题，努力提高员工的福利待遇，但是缺少具体的数据支持。第二，在保障员工权益的方面，多数企业仅披露了员工安全事故伤亡率等信息，缺少相关的保障措施信息。中国国有企业则在此方面表现卓越。以下选取了中国国有企业在安全生产方面表现优异的案例。

专栏1

中国国有企业：推进安全生产建设（以中国铝业为例）

中国铝业以保障员工的生命安全为前提，加强安全管理，改进安全措施，不断提高公司的安全生产水平。在此基础上，公司构建了"总部监察、板块管理、企业负责、齐抓共管、全员参与"的安全生产管理新模式和"横向为边，纵向到底"的安全管理网络体系。中国铝业将对承包商的管理行为和施工行为也按公司统一的 HSE 管理程序予以规范，全面推行"谁审核、谁把关、谁审批、谁负责"的管理机制，实行与公司所属单位"统一管理、统一标准、统一要求"的"三统一"管理模式。

三 社会责任评估指标分析

非公有制企业、国有企业和外资企业对企业社会责任的关注重点有所差异。在本次调查中，非公有制企业主要披露内容为：保障员工权益、诚信生产（服务）经营、维护国家利益和参与社会公益四个方面。《中国企业社会责任研究报告——十年回顾暨十年展望》中提到：三种类型企业对于社会责任的内容关注点有显著差异。国有企业关注的企业社会责任前三位是依法经营、责任管理和股东权益；外资企业主要关注社区关系、供应链管理和责任管理；而非公有制企业最关注的是社区关系、股东权益和员工关爱。国有企业作为全民所有制企业，依法经营和国有资产保值增值是重点；而非公有制企业主要由非公有制资本控制，因此更关注股东权益和社区关系。对比可见，非公有制企业在企业组织管理体系层面的表现略显薄弱，对于安全生产的重视程度有待提升。在 2016 年北京市非公有制企业社会责任报告中，通过对 194 家北京市非公有制企业的社会责任报告进行分析，结果也印证了上述内容。非公有制企业更倾向于关注股东、员工和客户的权益，强调依法经营，但是对员工培训和安全生产管理的投入尚有不足。

（一）保障员工权益

和谐稳定的劳动关系关乎经济社会和谐发展的大局，是保障企业和劳动者共同利益的前提。广大非公有制企业积极响应党的十八大提出的"四个全面"战略布局，积极推动对员工的民主化管理进程，以实际行动响应和谐劳动关系的号召，保障员工权益。

本次调查抽样选取了7家位于北京市的国有企业与北京市非公有制企业进行对比，国有企业的各类社会保险参保率和工资支付率均达到100%，高于北京市非公有制企业的平均值。在收入增长率方面，调查抽样的7家国有企业表现较好，没有出现收入负增长的现象，但是平均增长率远低于非公有制企业的员工收入增长率，可见非公有制企业在经济发展和员工收益方面的平均表现更佳。在企业组织员工年体检率和员工享受法定带薪年休假率方面，非公有制企业的表现都有待提升（见图2）。

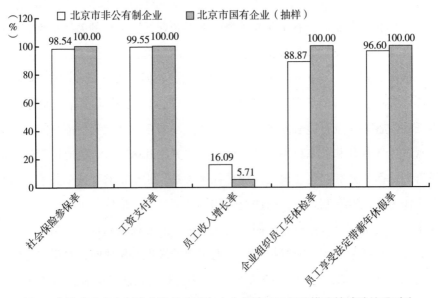

图2 北京市非公有制企业和7家国有企业保障员工权益描述性统计结果对比

通过对比可以看出，国有企业的各类社会保险参保率和工资支付率均达到 100%，高于北京市非公有制企业的平均值。在员工收入增长率方面，调查抽样的 7 家国有企业表现较好，没有出现收入负增长的现象，但是平均增长率远低于非公有制企业的员工收入增长率，可见非公有制企业在经济发展和员工收益方面的平均表现更佳。在企业组织员工年体检率和员工享受法定带薪年休假率方面，非公有制企业的表现都有待提升。

在履行员工责任方面，北京市非公有制企业顶住经济变化的压力，稳定就业岗位，进一步完善劳动用工规范制度。多数非公有制企业注重人才培养，调查结果显示，非公有制企业主要通过员工培训、奖励研发等手段追求技术突破和创新。员工人均年教育、培训经费支出前 10 名的企业所处行业主要是教育、卫生、体育和娱乐业（共 8 家）。例如，网易传媒科技（北京）有限公司重视员工发展，2015 年员工人均年教育、培训经费为 750 元/人，培训覆盖率达到 95%，培训完成率 97%；搜狗科技发展有限公司员工人均年教育、培训经费 1350 元；北京蓝色光标品牌管理顾问股份有限公司提供"蓝标大学"等多途径成长通道，加速员工能力提升。但是从整体趋势来看，相比其他所有制企业，北京市非公有制企业对员工教育、开发的投入尚显不足。

科研实力是衡量企业发展前景的关键要素之一。持续不断的科研投入和雄厚的科研实力能够为企业带来更高的附加值，同时自主知识产权的新技术也有利于提升企业的竞争力。在科技创新方面，与其他所有制的企业相比，国有企业和外资企业对于科研投入的力度更大，重视程度更高，对激发员工自主研发的手段也更丰富。由于资源和规模限制，中小型非公有制企业的科技创新投入较为薄弱，激励员工研发的制度建设亟待加强。专栏 2 选取了中国国有企业在科研开发方面表现优异的案例。

专栏 2

中国国有企业：以中国五矿集团公司为例

践行工匠精神，中国五矿集团公司积极探索建立高效顺畅的研发运行机制和结构合理的科技人才队伍，以促进科技成果转化。企业全年研发投入

9.84 亿元，编制《科技创新体系和中央研究院构建方案》《集团公司科技创新管理体系规范》等，通过"知识创新—技术创新—技术转移"的高效联动，推进建立先进的创新体制，促进企业创新资源的高效配置和综合集成，强化创新主体的深度融合。

（二）诚信生产（服务）经营

在党和政府全面推进诚信体系建设的大背景下，非公有制企业的诚信水平进一步提高。部分企业将诚信作为企业的核心价值观和企业文化，对执行诚信体系提出了严格的要求。因此，在诚信生产（服务）经营方面，北京市非公有制企业表现卓越。调研的 194 家非公有制企业数据显示，各类业务合同履约率均为 100%。在缴纳税款方面，除教育行业外，其余企业均按时缴纳税款。企业积极践行诚信生产（服务）经营，获得各类认可和奖励。例如，北京佳讯飞鸿电气股份有限公司相继获得"工业企业质量标杆"、"中国金服务十大杰出服务商"、"信用双百企业"、"北京市诚信创建企业"及"AAA 诚信优秀企业"等多项荣誉称号；北京华江文化发展有限公司严格遵守"产品质量无小事"的产品质量安全管理理念，引入 ISO 9001 质量管理体系，执行严格的质量标准，采取细致入微的质量控制措施，提升产品品质和服务质量。

与中国国有企业和外资企业相比，北京市非公有制企业在诚信生产（服务）经营方面表现较好，但是仍有提升空间。在完善管理体系和明确质量标准的基础上，企业还可以加强对供应链的管理，进一步提升生产（服务）质量。专栏 3 选取了中国国有企业在诚信生产（服务）经营方面表现优异的案例。

专栏 3

中国国有企业：内蒙古蒙牛乳业（集团）股份有限公司

为了严格保障产品质量，为消费者提供质量可靠的奶制品，蒙牛对供奶方、配料供应方、包装供应方及物流方有针对性地进行严格选取与管理，建立供应商成长与沟通平台，打造"你中有我、再生循环"的生态圈供应生长模式。通过开展组织包装箱分享会与培训，形成专题性课题等措施，蒙牛全面带动供应商的发展。

（三）维护国家利益

党的十八大将生态文明建设放在突出位置，并纳入中国特色社会主义事业总体布局，非公有制企业更要积极践行党的号召。近年来，北京市非公有制企业的环境保护和可持续发展意识普遍有所提升，以北京泰宁科创雨水利用技术股份有限公司为代表的一部分企业以环保产品为主营业务，既实现产业技术的转型升级，又为环境保护事业做出积极贡献。专栏4选取了中国国有企业在环境保护和可持续发展方面表现优异的案例。

专栏4

北京泰宁科创雨水利用技术股份有限公司

公司坚持走自主创新之路，主要从事雨水控制和利用，业务覆盖建筑小区、市政道路、城市绿地与广场、城市水系与河道生态综合治理等领域，引领中国雨水资源化产业的发展。

在环境保护方面，北京市非公有制企业需要进一步践行"绿色生产、节能降耗"的要求。调查结果显示，有52.2%的样本企业在两年内完成了一项或多项环保重点任务，24.3%的样本企业基本完成了环保重点任务。在环保重点任务完成方面，北京市非公有制企业较好地履行了社会责任。但是与国有企业和外资企业在环境保护方面的贡献相比，非公有制企业的贡献率尚待提升。专栏5选取了外资企业在环境保护方面表现优异的案例。

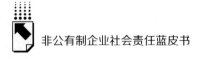

专栏 5

外资企业：LG 电子集团

LG 电子致力于减少原材料在供应、制造、流通、使用、废弃再利用等过程中对环境造成的不利影响，强调产品的亲环境性。LG 电子制定了覆盖人类（Human）、能源（Energy）、资源（Resource）三大亲环境要素的"绿色产品战略"，重点关注有害物质替代、减少资源使用、提高再利用率、改善生活环境、减少温室气体排放和提高能源效率等六个方面的重要环境战略。

一方面，非公有制企业应加强自身的节能降耗建设，通过生产设备升级、技术改造等手段，实现绿色生产；另一方面，非公有制企业也应主动承担起在社会中进行宣传教育的任务，与供应商、服务对象等群体共同增强环保意识。专栏 6 选取了中国国有企业通过技术改造为环境保护做贡献的优秀案例。

专栏 6

中国国有企业：中国石油天然气集团公司

作为重要的能源企业，中国石油的产品质量与人民生活环境质量息息相关。中国石油积极关注温室气体排放问题，将应对气候变化纳入公司发展规划。通过制定低碳发展路线图和碳排放管控体系，明确发展目标、规划减排措施，以碳排查、碳减排、近零碳排放示范工程建设为重点，从源头、生产过程和产品使用三个环节，全过程控制和减少二氧化碳等温室气体的排放，为国家的环境保护做出重要贡献。

（四）参与社会公益

2014 年，民政部和全国工商联联合印发了《关于鼓励支持非公有制企业积极投身公益慈善事业的意见》，以此为依据引导、鼓励广大非公有制企业履行社会责任、积极参与公益慈善事业。同年 12 月，国务院印发了《关于促进慈善事业健康发展的指导意见》，在意见中提出"倡导各类企业将慈善精神融入企业文化建设，把参与慈善作为履行社会责任的重要方面，通过捐赠、支持志愿服务、设立基金会等方式，在更广阔的领域为社会做出贡献"，指导意见首次从国家层面对慈善事业进行了纲领性的指导。北京市广大非公有制企业响应党和政府的号召，积极投身于公益慈善、扶贫开发等事业，在企业发展中兼顾社会效益，力求服务社会、回馈社会，不断践行慈善义举，通过捐款捐物等形式对特殊人群（孤寡老人、贫困家庭、残障人士等）进行社会救助，为促进社会和谐发展发挥了重要作用。

调查结果显示，本次调研的北京市非公有制企业中共有 129 家，约 66.5% 的调研企业员工参与过各类社会公益活动。相比国有企业和外资企业，在参与社会公益活动方面，非公有制企业的表现欠佳。首先，北京市非公有制企业参与的社会公益活动类型较为单一，以捐款捐物为主，缺乏有持续性的慈善活动，相比之下，国有企业和外资企业开展的慈善活动则更有持续性和针对性。专栏 7 选取了北京市非公有制企业在慈善活动方面表现优秀的案例。

专栏 7

北京市非公有制企业：北京银桥动力科技（集团）有限公司

2014 年企业与北京交通大学签订"银桥"助学金协议，自 2014 年 6 月至 2015 年 5 月，每年资助家庭经济困难且品学兼优的在读本科大学生 20 名，金额为人民币 10 万元。

其次，与国有企业和外资企业开展的慈善活动相比，北京市非公有制企业参与的慈善活动在宣传、教育层面的贡献尚待提升。企业承担的社会责任也应注重增加公众对专业领域的科学认识，例如医药、保险、教育等领域。企业可以充分发挥其专业优势，通过宣传教育活动，为社区建设贡献力量。专栏 8 选取了中国国有企业在社区建设方面的优秀案例。

专栏 8

中国国有企业：上海医药

2015 年，上海医药成为"上海市合理用药宣传教育活动"全面支持单位。在活动期间，上海医药开展了一系列的宣传教育活动：开展各类用药培训、加强用药检测预警、强化药学人才培养、成立临床药学志愿服务队、采集科普知识文章等。上海医药公司通过举办社区健康讲座、邀请市民参观企业等健康教育活动，对公众进行合理用药的宣传教育，提升了全社会科学、规范、合理、安全的用药水平。

最后，北京市非公有制企业开展各类慈善活动，主要以企业慈善捐助等为主。从慈善活动的类别方面分析，北京市非公有制企业主要参与的慈善活动较为传统、单一。企业慈善捐助活动涉及的企业员工较少，企业员工参与慈善的机会有限。例如，北京福润汽车修理有限公司在2015 年中秋节为养老院的孤寡老人捐赠 4000 元；北京章光 101 科技股份有限公司资助贫困地区数千名学生完成学业；北京集佳知识产权代理有限公司在大连理工大学设立"集佳奖学金"，资助和鼓励学生进入知识产权领域学习。

专栏 9

外资企业：LG 化学甬兴

LG 化学甬兴成立了"I Love 宁波"基金。每年 1 月，员工签署认捐一项，每份 5 元/月，认购数量不限。公司的 Team CSR 负责策划公益活动，利用员工捐赠的爱心基金开展活动，更好地诠释了"小公益，大爱心"的真正含义。每个 Team 需要充分利用自身的优势和强项，策划和实施两项以上的公益活动，并与某一对象建立长期合作关系。鼓励参与员工捐赠、策划、认捐活动，为社会传播正能量。

四　阶段性特征成因分析

虽然与国有企业和外资企业相比，非公有制企业在企业社会责任发展方面尚待提升，但是非公有制企业的企业社会责任总体保持着持续发展和稳步上升的态势。在实现各项经济指标均衡增长的同时，北京市非公有制企业持续回馈社会，促进民生改善，正逐渐成为带动国民经济增长、缓解就业压力、稳定财政收入的重要力量。

从地理位置上看，北京市非公有制企业发展所处的环境是机遇与挑战并存的。一方面，中国国有企业 100 强中，总部位于北京的企业最多，在 2016 年达到 55 家。国有企业由于资金实力雄厚、管理成熟、市场占有率高，进而增大了当地非公有制企业的市场竞争压力，从一定程度上限制了北京市非公有制企业的发展。然而，国有企业的发展也为非公有制企业提供了广阔的商业平台和更多的商业合作机会。

另一方面，多数外资企业的总部也设立在北京。外资企业的加入为助推中国经济发展和增进国际交流提供了便利，也为非公有制企业发展海外业务提供了更多机会。同时，在践行企业社会责任的理念和实践方面，跨国公司为非公有制企业树立了良好的榜样。多数外资企业的企业社会责任报告在信息披露方面表现卓越，在环境、社会和市场三个部分的责任事件中表现出色。

报告发现，相比国有企业和外资企业，北京市非公有制企业对社会责任的重视程度有待进一步提升。与其他类型企业的社会责任各方面协同发展的状态不同，北京市非公有制企业受到发展规模、管理体系等条件的限制，各方面发展尚不均衡。其中，诚信生产是北京市非公有制企业的重要关注点。多数北京市非公有制企业都积极践行公益慈善事业和保障员工权益，并将公益战略纳入社会责任规划。与此同时，在参与环境保护方面，越来越多的北京市非公有制企业积极投入研发并提出改进措施，注重发展绿色经济，发挥了越来越重要的作用。

企业实践篇

Business Practice

B.10
北京叶氏企业集团履行企业
社会责任报告

摘　要： 本报告从保障员工权益、诚信生产（服务）经营、楼宇党
建、楼宇统战、维护国家利益、参与社会公益六个方面对北
京叶氏企业集团履行企业社会责任的情况进行了阐述。在保
障员工权益方面，叶氏集团通过一系列完善的引才、育才、
爱才的用人机制，逐步形成了自身的人才结构，推动了企业
的稳健发展。在诚信生产（服务）经营方面，叶氏集团以企
业文化为导向，通过制定统一的标准和作业流程、加强员工
职业道德培训等措施来树立诚信经营的理念。在楼宇党建方
面，叶氏集团将物业服务与党建工作有效结合起来，逐步形
成了一个体制外的、适应楼宇党组织发展需要的工作模式。
在楼宇统战方面，叶氏集团紧紧依托楼宇党的组织，在楼宇
党委领导下，逐步探索出了"以党建带统战，以统战服务党

建"的楼宇统战工作新模式。在维护国家利益方面，叶氏集团以支持和促进驻厦企业经营发展与壮大作为加强和创新社会管理的着力点，加强党组织的核心作用，维护大厦企业的安全生产与稳定经营，促进了区域的和谐与稳定。在参与社会公益方面，叶氏集团通过向社会公益事业捐物捐资、参与社会主义新农村建设积极投入社会公益活动中去。

关键词： 叶氏集团   员工权益   诚信经营   楼宇党建   楼宇统战

一　企业概况

北京叶氏企业集团有限公司成立于 1992 年，经过 20 多年的悉心经营，发展成为一家以生产性服务业、金融性服务业和文化性服务业为主要经营领域的大型私营企业集团，横跨房地产、物业管理、金融服务、餐饮娱乐等多个领域。目前，叶氏集团共有员工 318 人，2015 年集团经营总收入为 13188.73 万元、人均 41.47 万元。

叶氏集团的前身是北京市叶氏服装服饰有限公司，以经营服装为主，创立的"叶青时装""都市丽影"两个女装品牌都是当时北京市的著名商标，不仅家喻户晓，而且引领了职业女装的发展潮流。在完成了原始资本积累之后，叶氏集团积极响应国家号召，主动实施了经营战略的重大调整，引导企业由劳动力密集型企业向资本密集型企业转变。1998 年，集团投资兴建了叶青大厦一期写字楼项目，从此，叶氏集团全面实施经营主业转型，开始进入了新的经营领域。2004 年 10 月，集团又投资完成了叶青大厦二期工程的建设。

叶青大厦一期、二期总建筑面积 5 万多平方米，坐落于北京市朝阳区望京科技创业园区，多年来以客户需求为导向，积极参与市场竞争，不断提高物业管理和服务水平，于 2010 年、2011 年先后获得"北京市物业管理（五

星级）示范项目”和“全国物业管理示范项目”称号。作为北京市五星级
商务写字楼，叶青大厦凭借优质的物业服务，先进的楼宇文化，吸引了鼎桥
通信、海外装饰、韩泰轮胎、爱知之星等众多国内外大型高新技术企业入驻
经营。叶青大厦已经成为高层次人才培养的教育基地、优秀企业成长的
“孵化器”、助推区域经济发展的“加速器”，连续多年保持着满租的优异成
绩，具有极高创新含量的投资置业经营模式得到了市场的充分肯定。

2016 年上半年，叶青大厦三期项目已全面竣工，下半年正式投入使用。
三期位于中关村科技园区电子城西区，与位于北五环南侧的叶青大厦一期、
二期写字楼遥相呼应，总建筑面积 2 万多平方米，是一座现代化绿色环保科
研办公大楼。

2009 年，为进一步拓宽行业领域，叶氏集团发起成立了当时朝阳区唯
一一家小额贷款公司——北京恒源小额贷款有限公司。2010 年又成立了北
京天循典当有限责任公司，主要面向经济类型各异、规模不等的经济实体，
为中小企业提供短期资金的借贷服务。

2011 年，叶氏集团与北京市怀柔区渤海镇北沟村利用北沟村国际文化
村的资源优势和集团的管理、资金优势，实现强强联合，共同兴建长城精品
国际酒店，主打长城文化旅游。项目已由叶氏集团先期出资 100 万元，聘请
清华大学进行整体规划设计。

二　保障员工权益

在社会主义市场经济条件下，企业间的竞争，归根到底是人才的竞争，
企业只有拥有了人才，并使其发挥效益，才能保证稳定、健康的发展。对
此，叶氏集团董事长叶青有着清楚的认识，他曾经说：“摒弃雇佣关系，让
老板和员工处成共同发展的关系是今后非公企业长远发展的关键。”长期以
来，叶氏集团始终坚持以人为本、用能用之人、培养可用之人的理念，重视
人才管理工作，将各部门员工培养和管理纳入领导责任制和工作目标责任
制，并作为领导班子工作实绩考核和领导干部能力评价的重要指标；重视人

才管理机制建设，在人才招聘、职业培训、薪酬管理、岗位升迁等方面形成了良性机制，建立和完善了符合企业和员工双向发展的企业管理制度；重视培养员工的主人翁意识，充分尊重和维护员工的合法权益，为员工制订学习、培养计划，在企业内部开展行之有效的文化建设和精神文明建设，凝聚和培养了一大批业务熟练、忠诚敬业、勇于奉献的优秀员工。

为保障员工的合法权益，集团不仅为员工提供了一系列的社会保险——养老保险、医疗保险、工伤保险、失业保险、生育保险，还专门设立了困难职工子女大病救助金，认真与职工签订集体合同，建立了与员工代表进行工资协商的制度、员工投诉制度，同时积极为员工解决住房、为外来务工人员提供住宿、为员工提供免费工作餐等，通过这些制度畅通了员工的话语渠道，提高了员工的生活福利待遇。

此外，集团还在外埠员工中积极开展"三个转变"主题活动，即通过工作努力实现自我价值，在集团的培养和帮助下实现外埠员工从乡村到城市的转变、从临时工到长期工的转变、从普通劳动者到高素质劳动者的转变。至今，集团已有三名员工荣获"北京市劳动模范"称号，一名员工荣获"首都劳动奖章"，一名员工荣获"北京市优秀党务工作者"称号，更有多名员工荣获朝阳区"优秀党务工作者""岗位能手"等称号。

通过一系列完善的引才、育才、爱才的用人机制，叶氏集团逐步形成了自身的人才结构，同时也为企业的发展提供了强大的动力，推动了企业的稳健发展。

三　诚信生产（服务）经营

作为以现代服务业为主要架构的非公有制企业，叶氏集团树立了以诚信服务铸就品牌价值的理念。在企业成立初期，集团就实施了企业标准化管理，将客户的需求放在企业服务的首位，针对客户接待、保安、绿化、保洁和设备维修等各项管理服务细节制定了统一的标准和作业流程，规范员工的服务行为。在员工培训的过程中树立"想客户之所想、急客户之所急"的服务理念，在业务培训的基础上，增加礼仪培训、文化培训和职业道德培训，倡导文明服务、微笑服务。通过开展客户满意度调查加强与客户的沟通和互动，了解客户重点需求、潜在需求和服务反馈，并以此对服务流程进行合理化梳理和改造，提升服务效率。在关注服务品质的同时，叶青大厦又以低碳节能为突破口，细化管理，科学控制成本，在水、电、生产资料、办公耗材等方面采取了行之有效的节流手段，为客户带来实实在在的便利和实惠。

同时，集团以先进文化为导向，在叶青大厦驻厦企业中大力倡导诚信经营、合法经营，在员工中弘扬诚实守信的道德精神，以企业内刊《叶氏纵横》《叶青大厦时讯》以及大厦党建网站为宣传平台，弘扬社会公德、职业道德和家庭美德，开展创建文明行业、文明企业、文明员工活动，引导员工树立正确的世界观、人生观、价值观和社会主义荣辱观。在员工中培养爱岗敬业、诚实守信、奉献社会的道德精神，在客户中赢得了专业服务、优质品牌、值得信赖的良好口碑。

四　楼宇党建情况

叶氏集团于1996年成立集团党支部，随着集团物业服务的不断拓展，仅限于在企业内部开展党建工作的集团党支部已经不适应商务楼宇党建的发展要求。为此，2006年9月，依托叶氏集团成立了北京市首家商务楼宇党委——叶青大厦党委，完成了党建工作由自体性党建工作向区域性党建工作的转变。目前，叶青大厦党委下属非公有制企业党组织35个，党员600余名。

在北京市、朝阳区各级领导的关怀与支持下，叶青大厦党委从成立至今经过大胆创新，取得了蓬勃的发展，工作制度不断完善，组织规模不断扩大，党建工作效果明显，逐步实现了驻厦企业党组织围绕企业生产发展抓党建、抓好党建促发展、企业发展强党建的良性循环，逐渐受到党和国家领导人的深切关注，在全国非公有制经济党建领域产生了深远的影响。2010年8

月 23 日，时任中共中央政治局常委、中央书记处书记、国家副主席习近平同志来到叶青大厦调研非公有制企业党建工作，充分肯定了叶青大厦党委在基层党建工作中付出的努力与创新。

依托叶青大厦党委的服务型党组织建设，叶氏集团将物业服务与党建工作有效结合，满足驻厦企业、党员、员工的政治需求，促进新的社会阶层向党组织靠拢，开展主题鲜明、丰富多彩的党建活动，为企业软实力建设提供服务。一方面，大厦党委整合楼宇内部资源，提出"有事找党委"的口号，开展推进企业党组织成立、接转党组织关系、入党积极分子跟踪培养、党员志愿活动等日常党务活动。大厦党委出版《叶青大厦时讯》，及时宣传党和政府的方针政策、大厦党委工作动态以及驻厦企业信息，为驻厦企业间实现资源共享、加强交流与合作搭建平台。另一方面，大厦党委积极联络外部资源，通过多种途径，为驻厦企业提供企业宣传、招商引资、投资指南、政策咨询等有针对性的服务，开展协会组织服务、教育培训服务和慈善公益服务等社会服务，充分发挥企业发展"加速器"的作用。例如，参与发起成立中关村电子城西区高新技术企业孵化联盟，为驻厦企业引进更多的政策与资金支持等工作，邀请工商、税务、公安等部门进入大厦为企业办理税务登记、外来人口服务等政务工作，方便企业经营。

叶青大厦党委认识到，楼宇党委不是权力型党组织，与企业之间没有行政隶属关系，只有不断关注企业利益，为企业提供服务，为企业发展凝聚力量，才能充分发挥和彰显党组织的优势作用。叶青大厦党委通过一系列自主创新，逐步探索出了一个体制外的、适应楼宇党组织发展需要的工作模式，于 2016 年 7 月 1 日受到中共中央表彰，荣获"全国先进基层党组织"称号。

五　楼宇统战情况

为适应新形势下统一战线工作的新要求，发挥楼宇统战工作在延伸党建工作覆盖面和助推社会建设中的作用，叶氏集团坚持站在大统战工作格局的背景下，紧紧依托楼宇党的组织，在楼宇党委领导下，努力实践创新，逐步探索出了"以党建带统战，以统战服务党建"的楼宇统战工作新模式。民建叶青大厦支部、叶青大厦侨联、叶青大厦党外知识分子联谊会、叶青大厦商会、叶青大厦妇联等民主党派和群团组织相继成立，创造了北京市商务楼宇的多项第一，有力推动了楼宇统战工作成体系、规模化发展，开启了在非公经济领域基层党的工作中党与民主党派、群团组织合作共建的新模式，从而促进了基层民主建设，巩固了党的阶级基础，扩大了党的群众基础。

通过统战工作，叶青大厦实现了"两个效益"、建立了"一支队伍"。①经济效益：近百家驻厦企业、4000多名员工、5万多平方米的办公面积，创造了年纳税额15亿元以上的经济效益。②社会效益：楼宇统战工作延伸到了农村、拓展到了城市功能区，在促进首都社会主义新农村建设和加强基层党建、服务地区经济社会发展等方面做出了突出贡献，产生了良好的社会效益。③党外优秀人士队伍：通过统战工作，叶青大厦党委培养了一批新的社会阶层代表人士，他们在服务科学发展、促进社会和谐方面发挥了更大的作用。

近年来，叶青大厦商务楼宇党建、统战工作模式在全国得到了广泛推广，接待了来自北京、天津、上海、重庆、河北、山西、内蒙古、四川、广东、广西等省份的数千名领导干部来访。2015年7月8日，中共中央政治局委员、中央统战部部长孙春兰专程到叶青大厦视察，调研商务楼宇统战工作，并给予高度肯定；2015年11月，中央统战部向全国分享了叶青大厦做好党外人士统战工作的经验；2016年1月10日，全国统战部长创新实践现场观摩活动在叶青大厦成功举办。

六　维护国家利益

叶氏集团在商务楼宇中探索以党组织为核心的社会管理新模式，进而加强对楼内两新组织的服务和领导，将党建和统战工作向社会拓展，努力开创社会建设工作的新途径。

集团自始至终地将加强和创新社会管理的着力点放在支持和促进驻厦企

业的经营发展与壮大上，将党建统战工作、物业管理服务、驻厦企业的日常经营管理以及企业文化建设等有效结合。在为驻厦企业做好物业服务的同时，与驻厦商户共同创造欢乐和谐、积极向上的楼宇文化氛围，形成互惠互利的共赢局面，进一步扩大了党组织的工作覆盖面，加强了党组织的核心作用，形成了"社会管理加强创新，社会服务注重科学，楼宇建设统战先行，政企交流广设窗口，社会活力合力激发，和谐氛围共同营造"的工作模式，在近百家驻厦企业和政府职能部门间起到了黏合剂和桥梁纽带的作用。

在每年"两会"召开期间以及特殊时期，叶氏集团都第一时间做出部署，制定方案，协助所在区域加强社会综治和维稳工作。一方面，针对当前维稳工作形势，及时召开党委会议，下发《关于做好当前形势下安全稳定工作的决定》；联合东湖街道、东湖派出所与驻厦企业共同签订《安全目标责任书》。另一方面，深化党员责任岗，要求党员亮明身份、接受监督、做出表率，开展以"保稳定、创和谐、讲责任、促发展"为主题的党员论坛活动。利用《叶青大厦时讯》、《叶氏纵横》、叶青大厦党委网站等平台，开辟论坛专栏，引导正确的舆论导向，扩大参与面，提升影响力；与上级部门建立畅通的沟通渠道，形成突发事件应急处置长效机制，确保突发事件得到及时解决。一系列举措切实维护了特殊时期大厦企业的安全生产与稳定经营，促进了区域和谐，为首都经济社会的繁荣稳定做出了贡献。

叶青大厦党委、团委领导下的青年城市志愿者服务队秉承"践行绿色环保、践行诚实守信、践行文明奉献、践行扶弱济困、践行互助进步"的精神，长期参与社会公益活动，成员们利用休息时间深入社区和街道，参与了治理小广告、绿化植树、卫生清洁、交通秩序维护、义务普法等活动。

七 参与社会公益

饮水思源，回报社会，是每一个企业家应尽的责任。财富体现企业的能力，更意味着企业和企业家的责任。党的改革开放政策，为我国的非公有制经济提供了成长的沃土。叶氏集团从无到有、从小到大、由弱到强的发展历程，充分体现了党的正确领导，体现了党和国家政策的大力支持。伴随着企业的发展壮大，叶氏集团以高度的政治责任感和社会责任感，积极投入致富思源、回报社会的各项行动中，并且以此作为培育企业文化、教育企业员工的有效形式和载体，在促进企业和谐建设与发展，以及促进区域经济发展中发挥了重要作用。

二十多年来，据不完全统计，叶氏集团已累计为社会公益事业捐资捐物达3000多万元。近几年，从捐建延安希望小学、贵州省黔西县叶青高坡希望小学到为儿童福利院、养老院捐款，从为四川汶川地震灾区捐款到资助青海玉树地震灾区重建，从为建造干细胞资源库捐资捐款到为抗击"非典"尽自己的一份力量，从看望慰问驻京部队到捐助"学叶堂"慈善助学项目等，叶氏集团将参与社会公益、慈善事业列入企业发展规划，落实到每年的具体事项中，体现出对社会的强烈责任感和使命感。

此外，为认真贯彻落实中央统战部打造的"同心"品牌和北京市委统战部"光彩惠农行动"等精神和要求，叶氏集团积极探索推动城乡共建工作方式方法，创新并形成了参与社会主义新农村建设的三种模式。一是扶贫共建。叶氏集团与怀柔区渤海镇六渡河村的贫困户建立了一对一帮扶关系，以捐资捐物和采购农产品的形式，帮助农民提高经济收益，对他们给予经济上的支持，帮助他们解决实际困难。二是合作共建。叶氏集团结合怀柔区发展规划，在怀柔区渤海镇北沟村，投资5000万元与当地乡村合作兴建一座旅游精品国际酒店，充分依托当地有利的自然环境，同时把集团五星级写字楼的先进物业管理经验融入其中，形成新型乡村社区管理模式，为解决当地富余劳动力提供了岗位。三是党组织共建。叶氏集团与北沟村共同打造"叶青·北沟党员之家"，通过共建活动，在带动乡村思想政治建设和精神文明建设的同时，也为集团开展党员、员工教育建立了基地，起到了很好的宣传和教育作用，为城乡共建和推进城乡一体化建设做出了贡献。

二十多年的稳健发展不仅使叶氏集团赢得了客户的信赖与支持，更获得了广泛的社会赞誉。《人民日报》、北京电视台、《北京日报》、千龙网等主流媒体多次对叶氏集团和叶青大厦非公党建工作进行宣传报道。叶氏集团先后荣获"全国文明单位""全国民营企业思想政治工作先进单位""全国光彩之星""北京市模范集体""北京市模范职工之家""首都文明单位标兵""守信企业"等称号。

B.11

北京红星美凯龙世博家具广场有限公司履行企业社会责任报告

摘　要：　本报告从保障员工权益、诚信生产（服务）经营、参与社会
公益三方面对北京红星美凯龙世博家具广场有限公司履行企
业社会责任情况进行了阐述。在保障员工权益方面，北京红
星美凯龙通过提供完善的福利保障、开展一系列丰富的业余
活动来激励员工和提高员工的整体素质。在诚信生产（服
务）经营方面，北京红星美凯龙依法纳税，为顾客提供优质
周到的服务。在参与社会公益方面，北京红星美凯龙一直热
衷于社会公益事业，截至 2015 年底用于扶危济困、帮老助
残、抗洪救灾、希望工程等累计捐款超过 3000 万元。

关键词：　红星美凯龙　诚信经营　员工权益　社会公益

一　企业概况

北京红星美凯龙于 2002 年进入北京，目前在北京已发展成为拥有 5 家大型专业家居的连锁商场。

红星美凯龙高起点自建物业，一步到位，大大降低了进场厂商的经营成本。在商场建设上，完全按照国际高档百货商场标准建设，其档次不仅在北京，甚至在全国乃至国际上都处于领先地位。商场共引进千余家中外绿色环保家具、知名建材品牌驻场直销，是集智能信息、文化传播、展览演示、购物休闲于一体的家居购物广场，可以让消费者一改对建材家具城的偏见，使

购买建材家具的过程也成为一种享受。

红星美凯龙以顾客满意为宗旨，强化售前、售中、售后服务，为广大消费者提供了便利的条件，使消费者在获得高品质的家居商品与服务的同时体验到一种不同的乐趣和心境，并将家居消费从"放心购物"提升到"舒心购物"。

北京红星美凯龙由于其独特的空间感，赋予生活浪漫的场所体验和生活感受，已经成为京城时尚人士的精神领地。

高素质的管理团队成功打造超一流的企业，红星美凯龙在董事长车建新的带领下，不断进取、不断创新的同时，得到了社会的认可并获得了诸多的荣誉，例如，"中国企业管理特殊贡献奖""中国十佳雇主""中国品牌自主创新行业领军人物""全国报刊突出贡献集体奖""企业文化建设特殊贡献人物""中国家居行业唯一标志性品牌""中国改革30年最具行业领袖人物""京城百姓信赖的十大健康家居卖场""第一届首都家居产业杰出品牌""2007年中国网民喜爱的十大名牌""环渤海五省市诚信企业"等。

二 保障员工权益

企业文化与企业的发展是分不开的，一个好的企业必然重视企业文化建设，良好的企业文化可以成为员工进取发展的强大动力，成为企业发展的重要推动力。红星美凯龙自开业伊始就非常重视企业文化，各级党工团组织健全，教育培训体系规范，员工体育文化活动内容丰富，尤其是红星美凯龙的"读书成果分享"活动，每月每人必读一本好书，并与大家共同分享读书的乐趣与心得体会。商场专门开办了图书阅览室，购置了近千册各类图书，供员工借阅。工会组织还根据员工的兴趣爱好，组织员工开展竞赛活动，在丰富员工业余文化生活的同时，拉近了员工之间的距离，培养了团队精神。另外，商场还组织员工开展军事拓展训练，提高员工的整体素质，培养员工爱岗、爱公司的优良作风，打造高效率、守纪律的管理团队。

关爱员工，为员工提供完善的福利保障，提供各种晋升和发挥才能的机会是红星美凯龙一贯的用工原则。每年集团都会举办人才竞聘选拔活动，任何岗位的人都可以竞聘更高一级的岗位及职位，只要有能力就有机会，为此车建新总裁还获得了央视"中国十佳雇主"的称号。

三　诚信生产（服务）经营

红星美凯龙自 2002 年进入北京以来，秉承诚实守信的经营理念，诚信经营，依法纳税，坚持"顾客至上"的原则，很快实现了商场的良性循环和健康发展。北京东四环店被北京市国家税务局和北京市地方税务局评为"北京市纳税 A 类企业"。2015 年资产总额 92702.50 万元，营业收入 32476.46 万元，利税总额 6863.03 万元。在为国家创造财富的同时，也为社会提供了近 5000 人的就业机会，带动交通运输等相关产业的发展，为京城百姓提供了质量可靠、环保健康的家居用品，取得了经济效益和社会效益双丰收。

在北京一片"先行赔付"的宣传口号中，红星美凯龙以"所有售出商品红星美凯龙负全责"的服务举措脱颖而出；"环保不达标的商品一律不允许进入商场"。种种举措把消费者购物的风险降低到"零"。优质周到的服务、正规化的商场管理、货真价实的品牌商品赢得了广大消费者的青睐，得到了社会的认可和关注。

四　参与社会公益

红星美凯龙多年来一直热心社会公益事业和光彩事业，积极回馈社会，1999 年，红星美凯龙出资 100 万元设立了"红星美凯龙光彩助困基金"，这是常州市首个"百万光彩助困基金"，此举被评为"常州市年度精神文明十佳好事"；2003 年，红星美凯龙积极响应江苏省光彩事业促进会发出的在苏北沿海地区捐建"江苏光彩世纪林"的号召，率先捐赠 100 万元承建了"江苏光彩世纪林·红星美凯龙园"，在苏北射阳沿海地区无偿种植 5000 亩意杨林。红星美凯龙因其在光彩事业和绿化国土方面的突出贡献，2005 年车建新董事长被授予"国土绿化贡献奖"殊荣。2004 ~ 2005 年，红星美凯龙先后三次共向拉萨人民捐赠 100 万元，援建拉萨市工商联办公大楼，支持拉萨的非公有制经济发展；2005 年，红星美凯龙捐资 200 万元赞助兴建了被列入上海市 2004 年实事工程的曹杨福利院；2005 年底，红星美凯龙为常州市慈善基金捐款 1000 万元建立助孤基金，为江苏省慈善基金捐赠了 100 万元；2007 年 2 月，红星美凯龙首倡 2·15 中国爱家节，并与中华全国妇联共同设立了 1000 万元"红星美凯龙关爱基金"，5 年内资助 1000 户贫困家庭；2007 年 9 月，红星美凯龙启动"用心生活、用心爱家全国大型公益主题活动"，活动行程上万公里，到达 6 个省，为受灾家庭、脑瘫患儿、失学儿童共捐赠 20 余万元；同年 12 月红星美凯龙积极参与香山公园古树及绿地认养活动，为首都绿化事业出力。

2008 年 5 月 12 日，四川发生地震后，红星美凯龙立即捐资 200 万元，通过全国妇联送往灾区。自灾难发生以后，车建新董事长对四川的灾情非常关注，他呼吁旗下全国各地的连锁卖场都行动起来，为四川灾区人民"有钱的出钱，有力的出力"，做一些有益于灾区的事情。随即全国 40 个连锁商场纷纷自发地为灾区捐款捐物，各商场的首批捐款已超过 300 万元。除了已有的价值超过 500 万元的实物捐赠和资金援助外，红星人的爱心没有止步。红星美凯龙还在以各种形式展开募捐活动，爱心的接力在每个红星人之间传递。红星美凯龙联系受灾比较严重的绵阳教育部门，希望能够为灾区校园的重建贡献自己的力量。5 月 24 日，红星美凯龙首先前往北川地区援建一所小学，红星人的初衷不仅是解决灾民当前的温饱，而且为灾区的重建培养后继人才。

到目前为止，红星美凯龙用于扶危济困、帮老助残、抗洪救灾、希望工程等累计捐款超过 3000 万元，荣登 2006 年中国慈善排行榜第 40 位、2007 年胡润慈善榜第 59 位。

B.12

网易传媒科技（北京）有限公司
履行企业社会责任报告

摘　要：　本部分从保障员工权益、诚信生产（服务）经营、维护国家利益、参与社会公益四个方面对网易传媒科技（北京）有限公司履行企业社会责任进行阐述。在保障员工权益方面，网易传媒按照国家相关法规、规定为员工提供福利保障，同时高度重视各岗位员工的学习与发展。在诚信生产（服务）经营方面，网易传媒严格遵守法律法规，履行合法经营责任，不断提升经营管理规范化水平。在维护国家利益方面，网易传媒以合理的建筑布局、恰当的空间组织，合理利用自然资源，降低使用成本。在参与社会公益方面，网易传媒始终关心社会建设和积极参与公益事业。

关键词：　网易传媒　员工权益　诚信经营　国家利益　社会公益

网易传媒作为有态度的新闻门户，始终在引领中国媒体行业的发展趋势，不但拥有最为快速、全面、准确的资讯平台，同时秉承"有态度"的新闻专业主题原则和理想，凭借独特的视角和观点赢得用户口碑。

为了更好地应对媒介变革的大潮，2012 年网易重新整合了门户版块的业务，成立网易传媒集团，聚焦移动和技术两大业务线，显著提升了两大版块的资源投入和架构支持。旗下基于移动终端平台的媒体资讯产品——网易新闻客户端拥有超过 4 亿用户，是中国最具影响力的移动资讯产品。

在内容方面，网易传媒在上级主管部门的领导下，发挥自身网络传播影响力，传递主流价值观，加强正面宣传，着力推进弘扬社会主义核心价值观和正能量的报道，为使网络空间更加清朗做出了应有的贡献。

网易传媒领导承诺对社会责任报告的真实性、可信度负责，在编撰上严格按照《北京市企业社会责任评估指标体系》所规定的要求，遵守客观性、公正性、透明性和可验证性原则。

一 企业概况

网易传媒科技（北京）有限公司于 2012 年成立，拥有网易新闻 PC 端、网易新闻客户端、网易公开课等互联网服务和产品。网易传媒科技（北京）有限公司注册资本 1000 万元人民币，实收资本 1000 万元人民币。公司股东均为中国籍自然人，其中丁磊占股 99%，李黎占股 1%。公司有开展业务的必要场所、设备和资金。目前公司已取得电信与信息服务业务经营许可证，可从事第二类电信增值业务中的信息服务业务。

（一）重要产品运营情况

网易新闻 PC 端和网易新闻客户端拥有最为快速、全面、准确的资讯平台，秉持"有态度"的新闻理念，用独特的视角、观点和深度的原创能力赢得广大用户口碑。

（二）网易门户的市场地位和竞争力

网易"有态度"这一独特的新闻专业主义定位是网易多年坚持的，其品牌价值也已经被广大用户和广告主所喜爱和认可。网易可以通过互联网技术满足用户对于资讯快速、海量的基础需求，网易所擅长的运用独特视角运营新闻的能力，以及积累的强大原创能力，让网易在有深度、有观点的内容生产上形成优势，也赢得了用户口碑。同时，这一平台也因其有态度的内容汇聚了一群最智慧和最忠实的网友，"无跟帖不新闻"形成了网易旗帜性文化。平台与网友、网友与网友之间的互动形成良性循环。这一互动氛围在各新闻资讯平台中唯网易独有，且非一朝一夕可成就。随着大数据和智能算法技术的发展，网易已开发智能推荐技术并在门户和新闻客户端产品中运用，并将不断优化精准性。人工智能＋PGC＋UGC的整合运营模式让网易网站和新闻客户端有充分的竞争优势，在未来将走得更快、更远，获得更好的市场地位。

（三）未来发展规划

1. 提升核心业务市场份额和商业化能力

建立以网易新闻为首的资讯产品矩阵，占领移动新闻资讯市场第一。以新闻客户端为入口，精细化运营本地资讯，继而打造丰富的生活服务入口。完善以大数据技术为核心的广告服务平台，提升整合全网流量和用户的能力。

2. 基于自有优势进行多元延展

发挥网易传媒累积多年的内容和用户运营优势，在新型社区、垂直社交等领域不断创新。在整体传媒产业链上进行广阔延展，包括影视内容制作、IP运营、版权分销等。

（四）所获得的荣誉

网易传媒旗下网易新闻客户端以其"有态度"的新闻理念和极具特色的跟帖文化，得到了广大用户的认可，并获得了多项业内外大奖，具体奖项有：中国互联网协会举办的2015中国互联网产业峰会资讯阅读类APP光芒体验大奖金奖、2015中国移动广告营销大会最佳移动新闻客户端奖、IDG美国国际数据集团举办的2015安卓全球开发者大会最受欢迎新闻类APP奖、2015全球移动互联网CEO峰会年度最佳工具应用奖、第2届TMA移动营销大会最具营销力移动资讯应用奖、第13届中国互联网经济年会暨2015"金i奖"颁奖盛典最具影响力新闻客户端奖、《北京晨报》举办的2015年度移动终端APP评选最具人气新闻APP奖。

二　保障员工权益

网易传媒严格依照劳动法、劳动合同法等相关法律法规与在岗员工进行劳动合同的签订、续订、解除和终止，劳动合同签订率达100%；公司不断协商调整工资，保持职工工资水平的稳步上升，同时做到合理设置考核指标，按月足额支付劳动报酬，2015年员工收入增长率为15%；完善员工的进出机制，依规按程序管理劳动用工，杜绝劳动管理的随意性，维护劳动合同双方的合法权益。

公司按照国家相关法规、规定为员工提供福利保障，依法为每位员工足额缴纳社会保险，员工享受法定带薪年休假率为100%，企业组织员工年体检率达90.22%。

公司高度重视各岗位员工的学习与发展，2015年员工人均年教育、培训经费为750元/人。培训全面关注公司战略、组织发展、个人发展和个性化需求，内容涵盖领导力、技术、销售、市场推广、项目管理、专业职能（人力资源、法务、财务等）、语言等各类。培训形式涵盖专业资料学习、书籍阅读、课堂培训、E-learning、研讨、榜样学习、教练辅导、导师制、任务反馈沟通、互联网社区、定制化辅导、兴趣小组、跨部门协作、复盘、项目实践、轮岗、虚拟行动学习、共享平台分享等20余类。年均输出培训学时1200小时，共搭建两个在线学习平台，员工人均培训学时达到42小时。

积极进行供应商渠道建设，从三大维度12个项目评价管理培训供应商体系，目前资源库涵盖140余家机构、2600门课程。近两年来着手搭建基于岗位和典型任务的销售序列、技术序列的课程体系，同时推动内部讲师体系的完善和发展，目前发展内部讲师170余人。培训覆盖率达到95%，培训完成率97%，培训项目满意度平均达到4.62分（满分5分），一次性培训合格率达到95%，初步具备了培养内部人才、支撑企业发展的实力和水平。

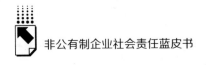
三　诚信生产（服务）经营

诚信是公司的一种资源，是公司发展的一种无形的推动力，对公司的长远发展具有巨大的促进作用。因此，依靠诚信经营，树立公司良好形象，进而提升公司竞争能力，已成为公司发展的当务之急。

2015 年，网易传媒严格遵守法律法规，履行合法经营责任，不断提升经营管理规范化水平。

（1）严格遵守税收法律法规，按时足额缴纳各种税费款项，报告期未发生工商、税务等行政处罚事项。

（2）坚持编辑和经营"两分开"，明确编辑和经营工作的职能职责，实现管理分开、业务分开、人员分开，编辑人员不得参加经营活动，经营活动由经营部门负责，严格抵制因商业取向影响新闻报道公正性而滋生腐败的现象。

（3）广告投放严格遵守《广告法》等相关规定，经相关法规审查合格后方可上线，并加强上线后的日常检查。

（4）增强经营安全和风险防控意识，完善制度，堵塞漏洞，排除隐患，严格执行业务合作程序，强化业务合作监管，推动经营工作依法、良性、可持续发展。

（5）遵守市场经济竞争法则及公认的商业道德，公平、公正地参与市场竞争，信守合同，履行协议，各类业务合同履约率100%。

（6）进一步完善财务管理制度并严格遵守，不断完善靠制度管人、按制度办事、用制度规范行为的长效机制。

（7）定期推出法律系列内部培训，确保经营的规范性。

四　维护国家利益

网易北京研发中心于 2015 年 12 月建成，总建筑面积为 94061 平方米，研发中心建筑将节能作为出发点，以合理的建筑布局、恰当的空间组织，实现充分利用自然能源，减少对人工环境的依赖，降低调节室内环境的设备负荷量，从根本上实现合理利用自然资源、降低使用成本。

（1）设计保证了主体建筑的正南北朝向，有利于满足冬季日照充足和过渡季节的自然通风要求。

（2）利用建筑空间手法，设置中间庭院，将自然风、光引入地下室，减少人工照明通风能耗；标准层平面设置反光板，将自然光线引入室内深处；局部采用光导管技术，将自然光引入地下车库。

（3）屋顶的太阳能集热装置为楼内各处厕所、厨房、食堂等设施提供热水。

（4）设置垃圾分类收集设施，每层集中设置垃圾的分类处，再集中到半地下室，垃圾车进入半地下停车库内收集。

（5）将雨水通过管道收集，送至雨水收集池；在行车道、人行道、广场、停车场等人工地面采用透水性路面，降低雨水径流量。

（6）低功耗、高性能的空调系统配合性能优良的围护结构，将使空调系统的能耗远低于同类建筑，分区控制的系统也更加适应不同的使用需求。

网易北京研发中心的设计节能率超过国家标准的50%，在使用过程中，自然采光、通风的设计，无形中将节约大量的照明通风能耗，对太阳能的利用也降低了建筑的总体能耗需求。

作为中关村软件园二期的标志性建筑，网易北京研发中心的被动式技术、围护结构技术、自然采光通风技术、各种先进且成熟的主动式技术的整合运行，对推动建设整个区域的绿色化、生态化进程起到了很好的示范作用。

五　参与社会公益

作为中国最具影响力的商业门户之一，网易传媒始终将关心社会建设和积极参与公益事业作为履行社会责任的重要内容和具体体现，以公司自身的

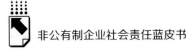

发展为社会公益事业做出贡献。

由于对公益事业发展的关注，网易传媒上线了网易公益频道，聚焦失学儿童、残障人士等弱势群体，致力于推广公益活动，通过各种多元化、创意化的互联网传播，打破传统公益的壁垒，让公益变成触手可及的全民公益。

网易公益频道联手国内多家优质出版机构上线全新公益项目"你的新闻TA的图书"，网易用户每阅读一篇新闻，便可捐赠一页图书，图书捐赠总页数达成当月兑换目标后，用户可兑换相应公益书籍套装。每月网易新闻将联合出版机构及儿童教育专家一起，推出当月书单，每套书单含3~4本书目，所有书目均为全新出版且适合儿童阅读的图书。"新闻换图书"项目依靠其独特性和创新性，吸引了大批明星参与。电视剧《余罪》男主演张一山率先加入"新闻换图书"项目，担任首期公益朗读者，为山区孩子朗读了《爱问百科：你不了解的地球》中的一篇文章《雪是怎样形成的?》。

B.13
北京嘉和一品企业管理有限公司
履行企业社会责任报告

摘　要： 本报告从保障员工权益、诚信生产（服务）经营、维护国家利益、参与社会公益四个方面对北京嘉和一品企业管理有限公司履行企业社会责任情况进行阐述。在保障员工权益方面，嘉和一品为员工提供了完善的福利保障，同时高度重视对员工进行企业文化、道德修养的培训。在诚信生产（服务）经营方面，嘉和一品制定了流程化、标准化、精确化、远程化的科学管理原则，落实诚信经营准则。在维护国家利益方面，嘉和一品非常重视环保节能，处处践行环保理念。在参与社会公益方面，嘉和一品参与各类社会公益活动达 40 次。

关键词： 嘉和一品　员工权益　诚信经营　国家利益　社会公益

一　企业概况

北京嘉和一品企业管理有限公司成立于 2004 年，经过十多年的努力，嘉和一品的经营领域已由单一的餐饮连锁经营，发展成为集高品质农产品加工及食品销售、连锁餐厅经营、智慧餐饮便民生活服务提供于一体的多元化健康饮食及餐饮服务提供商。多年来，公司累计纳税上亿元，同时，带动上下游产业，实现数十亿元的社会效益。

嘉和一品一是秉承以诚信理念为宗旨的企业文化体系，把诚信建设作为企业文化建设的中心环节，提出了"良心品质，诚信为重"的经营理念，倡导

"用心、专注、坚持、平衡、和谐"的企业价值核心,形成了"嘉和和家,和贵天下"的企业文化理念。二是着眼于道德宣传教育,着力于增强诚信意识。公司领导带头学习,组织开展知识培训、法制讲座、企业诚信文化交流等活动。

目前企业规模为1500名员工,2015年单位经营总收入3.3亿元,人均创收22000元,资产负债率52.88%,上缴税收近2000万元。

嘉和一品诚信经营,积极履行社会责任,广受各界好评。近两年所获市级以上社会荣誉有:全国主食加工业示范企业、质量管理体系认证、企业信用评价AAA级信用企业、国家早餐示范工程、全国营养健康餐饮示范单位、全国企业管理创新优秀示范单位、全国绿色餐饮企业、全国餐饮业名牌企业、商贸流通业统计"典型企业"、中国特许经营创新奖、中国购物中心优秀合作餐饮品牌、中国购物中心优秀合作餐饮品牌、中国连锁经营协会便利店委员会联合采购合作单位、中餐科技进步奖、诚信经营承诺示范单位、首都文明单位、北京市农业产业化重点龙头企业、北京市三八红旗集体、北京市模范职工之家、北京市老龄产业协会会员、"厉行节约文明消费"示范单位、餐饮服务食品安全示范店、2016年度中国连锁餐饮品牌可持续创新奖、2016年度北京早餐示范店、2015年度中国优秀特许品牌、2016年百度外卖最具竞争力品牌奖、2015年度快餐十大知名品牌、2015年度11家连锁店500强、2015年度北京餐饮十大品牌、2015年度北京餐饮企业(集团)50强、2015年中餐科技进步奖二等奖、2015年中国连锁餐饮品牌可持续创新奖、2015年度第三届中国米其林美食评选"中国味道演绎星光奖"、2015年北京市诚信创建企业、2015年米其林Franchise之星等。

同时,嘉和一品也受到各界媒体的好评,近两年部分媒体报道如表1所示。

表1 近两年关于嘉和一品的相关媒体报道

序号	年份	媒体名称	媒体类型	标 题
1	2016	《北京商报》	报纸	《十位餐饮老总眼中的2016》
2	2015	《中国餐饮》	杂志	《2015年餐饮业两会代表座谈会在京召开》

序号	年份	媒体名称	媒体类型	标　题
3	2015	《人民政协报》(7070 期)	报纸	《在跨界中绽放》
4	2015	《连锁》	杂志	《2015 年中国连锁餐饮发展创新奖》
5	2015	《北京商报》	报纸	《与时俱进,跨界共赢》
6	2015	《北京商报》	报纸	《技术革新加快更新换代》
7	2015	《餐饮世界》	杂志	《嘉和一品:创建餐饮 O2O 零售化蓝海》
8	2015	《中华工商时报》	报纸	《哪怕付出再大成本,也要恪守诚信》

二　保障员工权益

企业员工各类社会保险参保率 100%,企业组织员工年体检率 100%,员工收入增长率 5%,劳务派遣员工占员工总数的比例 10%,员工人均年教育、培训经费 10%,工资支付率 100%,员工享受法定带薪年休假率 100%,保障员工权益的满意度 90%,企业劳动合同签订率 100%,劳保用品人均经费年增长率 10%,员工安全事故伤亡率 0,加入工会员工比例 100%。

公司积极建立培训基地,培养各方面的优秀人才,对万余人提供了专业资格培训,为社会就业做出突出贡献。

积极保障员工权益,企业率先建立诚实守信平台,为企业经营和员工成长提供行为导向。一是把道德修养、诚信建设作为领导团队建设的重要课题,作为总结工作、思想分析的一项重要内容。二是严守合同契约,即使在"非典"期间所有店面都停业,承受了数百万元损失的情况下,嘉和一品仍旧坚守诚信,公司宁可以高息向朋友借钱,也没有少付过供货商一分钱。三是对待员工做到言必信,行必果,树立诚实守信的榜样,同时,为员工营造"嘉和如家"的工作和生活环境。企业用人还要育人,要让员工安居乐业,嘉和一品为员工提供了良好的现代化的工作环境和生活环境,特意为员工准备了公寓、空中健身花园、棋牌娱乐室、台球室、乒乓球室、阅览室。嘉和一品还设有专门的培训中心，开展电脑、军训、拓展等多项培训，每季度都有职级晋升考试，建设学习型企业，培养员工上进心。为了丰富员工生活，嘉和一品每月举办文体比赛，让大家真正感到"嘉和如家"，开心工作每一天。正是因为嘉和一品注重对员工进行企业文化、道德修养的培训，这些年来，公司涌现了上千名拾金不昧的诚信员工。

三　诚信生产（服务）经营

为落实诚信经营，企业创建诚信经营准则以及企业与员工的行为规范，明确企业健康发展的价值取向。一是在管理工作中建立了符合时代要求和市场经济规律的企业标准。餐饮企业，食品安全是重中之重，嘉和一品严把营养关、食材关、进货关、技术关、安全关、品质关、环保关、执行关等八大关口，建立透明清晰的采购系统和专业的采购团队，将采购权收归总部，公开招募投标，由采购和品控两大部门共同评估。同时，依托于自建微生物和生化检验实验室，实现实时抽检；建立"餐饮企业＋基地"的农餐对接模式，通过缩短产业链，从源头上降低食品安全风险。二是创建了科学的四化管理，即流程化、标准化、精确化及远程化管理，有效地保障食品安全。

（1）流程化：公司从采购、订货、加工、配送、出品、奉客、反馈、质检全流程实现了可追溯管理，一直选择具有良好信誉及口碑的企业作为原料供货商，如粥品所用的谷物原料主要采自东北建三江；调料（如老抽、生抽等）由李锦记、雀巢公司供货；猪肉类直接从北京五肉联采购；禽类产品购自香河正大集团，海鲜全部采购自亚洲渔港。

（2）标准化：嘉和一品自拥有 6 家店时，便开始建立高标准的"中央厨房"，这不仅解决了产品的标准化问题，同时使百店一味变为现实，保证顾客享受到安全健康的嘉和餐品。历经八载，嘉和一品如今建成了国际化标准、软硬件设施齐全的第三代中央厨房、配送基地，该基地占地 3.5 万平方米，集办公、培训、加工、生产、配送为一体，建成了更加完善的科学化、信息化管理体系，实现采购、生产、物流及餐厅终端全过程的 ERP 管理，并以此为技术依托，达到了原材料 100% 集中采购，半成品配送率达 85%，实现了凉菜、热菜、面点、广点、主食、粥品高效高质的半成品配送及标准化出品。

（3）精确化：嘉和一品自主研发功能强大的成本核算系统，便于精确订货采购，确保食材适量新鲜，使公司在同行业中率先实现"保鲜期"管理，远优于传统的保质期，超过保鲜期的食材一律废弃，有力地确保了食品安全。公司所有原材料可精确到按照小时、克重订货，并且实时通过各项数据的汇总、对比、评价，不断优化管理，提高产品品质。

（4）远程化：总部办公室通过远程监控中心，随时可以看到中央厨房和各门店的运营情况，保证了所有工作人员的操作都按照公司标准来完成，并以远程监控为基础，建立了由现场督导、神秘督导构成的全方位督导体系。公司通过 OA 办公系统和微信，指令时时传达到各个部门、门店，任务落实到人，完成反馈精确到时点。嘉和一品利用信息化网络管理，不仅实现了前、后台与厨房互动，更将各分店纳入总部的网络系统，实现了电子办公系统及信息的及时上传下达，流程追踪也使公司提高了整体效率，加强了执行力，有效地保障了产品质量。

四　维护国家利益

嘉和一品年纳税增长率 5.5%，慈善捐助占企业利润的 1%，环保重点任务基本完成，人均水消费量 50.2 吨，人均能源消耗量 1.75 吨标准煤，残疾员工占员工总数的 2%。

嘉和一品非常重视环保节能，处处践行环保理念，成为低碳环保的先行者。中央厨房本身集约化、规模化生产，可以大量节约能源；采用全自动运水烟罩设备，隔油效果可以达到 93%；公司顺义总部基地又安装了新型无污染锅炉，且通过自主设计研发的回收装置将热处理过程中产生的蒸汽及蒸馏水直接导入供暖系统，实现循环再利用，节能降耗。同时，通过安装有大

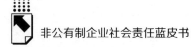

量太阳能热水器，可以很好使地用热水又不增加碳排放量。门店使用节能蒸箱、节能灶具等产品，节能减排，环保重点任务基本完成。

五　参与社会公益

企业积极参与各类社会公益活动达 40 人次，经常组织社区公益大讲堂，分享养生、食品安全等知识，还经常组织社区活动及亲子活动，大厨传授做饭做菜经验，教小朋友动手做面点等。在社区开展老龄助残活动，其中北京区域的所有店面为早餐示范店，为改善市民早餐，做出了突出贡献。

B.14

北京中公教育科技股份有限公司
履行企业社会责任报告

摘　要：　本报告从保障员工权益、诚信生产（服务）经营、维护国家
利益、参与社会公益四个方面对北京中公教育科技股份有限
公司履行企业社会责任进行阐述。在保障员工权益方面，中
公教育在各个方面用道德标准要求员工，用契约形式明确企
业和员工各自义务，使员工的健康、经济、社会、文化权益
得到切实保障。在诚信生产（服务）经营方面，中公教育坚
持"学员第一、用户至上、质量为本、诚信为先"的基本经
营理念，积极保障诚信教育服务。在维护国家利益方面，中
公教育时时以社会效益为考量，处处以国家利益为依归。在
参与社会公益方面，中公教育参与各类社会公益活动的员工
达2000人次。

关键词：　中公教育　员工权益　诚信经营　国家利益　社会公益

一　企业概况

中公教育集团是一家由大学生创业举办、历经多年发展成长起来的大型
综合教育培训机构，拥有全国知名的"中公教育"品牌。在创始人李永新
的倡导和带领下，中公教育坚持做一家有正确价值观、有强烈社会责任感和
远大理想情怀的优秀教育机构，在企业自身建设和社会责任履行上不断取得
突破。截至2016年10月末，中公教育直营分部发展到近500家，遍及国内

31 个省区市 360 余个地级市，教学分部数量在亚洲各类型的教育组织中居第一位；拥有教职员工 8000 人，教学场地 30 万平方米，通过"面授、网络、图书"三位一体的教育服务体系，每年培训学员 100 余万人次，图书用户超过 1000 万人。2015 年实现经营收入 14.63 亿元，人均经营收入 18.29 万元；资产总值 14.17 亿元，负债 9.24 亿元，资产负债率 65%，净资产 4.92 亿元，净资产率 35%。

中公教育积极践行社会主义核心价值观及与这一核心价值观相契合的企业文化，于 2016 年 11 月再次发起企业文化升级再造，全面升华以"善"为核心，以"奉献、责任、谦虚、感恩"等九种精神为内涵的企业文化与价值观体系，立足教育企业实际，对教职员工的道德品质和社会责任感进行升华重塑，使中公教育迈向更具社会影响力的新兴企业。近年来，中公教育企业文化建设和社会责任履行情况得到社会认可，受到媒体的广泛报道，多次被新浪网、人民网等全国性媒体评为"最具综合实力教育企业""最具社会影响力教育企业"，目前是中国民办教育协会培训教育专业委员会副理事长单位之一。2014~2016 年教师节期间，分别有 3 名个人和 2 个团队被《新京报》民办教育"金粉笔"评选为优秀教师、优秀教育工作者和优秀教学团队。2014 年，中公教育集团获评为新浪 2014 年度教育盛典"最具社会影响力教育集团"。2015 年，被中国教育在线评为"最具特色职业教育品牌"。2015 年，获百度"品牌数字资产榜"职业教育第一名。2015 年，获腾讯"2015 年度实力教育品牌奖"。2016 年，获中国互联网新闻中心、中国人生科学学会联合发起的首届"六好"活动"教育为公"特别荣誉奖。

近两年，中公教育职业考试教学研发团队、集团总裁多次受到全国平台级媒体的采访：中公教育总裁李永新在接受凤凰网题为"创业者基本素质——激情永不放弃追求完美"的专访时指出，非公有制企业不用太考虑环境因素，关键在做好自己；穷人家的孩子必须靠好的品德才能成功。《大学生》杂志专访中公教育总裁李永新时谈道，"我的成就感，就是实现使命。人都是有使命的，并会慢慢去思考来到这个社会上的使命是什么。（作为民办教育家）使命就是，你要尽最大的努力去帮助身边的人，然后再往更远帮助你的客户、帮助你的学生"。《新京报》采访中公教育申论研究院研发团队时谈到，自己跳入题海期盼学员上岸。在这些荣誉的取得中，中公教育围绕社会责任履行主要做了以下特色工作。

一是重视师资培训，将"以人为本"视为教育企业履行育人社会责任的根本。中公教育建立并实行教师全职业生涯培训、定期评级、日常考核相结合的人才管理体系，确保师资素质不断提升。对师资的培训包括入职培训、评级培训、专项培训等各种形式，每位教师每年至少参加 3 ~ 4 次有针对性的教学培训和评级。同时，中公教育规定各教研室定期召开教学研讨会，通过进班听课、学员反馈调研等方式关注师资团队的成长，教师素质的提升为教育使命的履行奠定了坚实基础。

二是建立多元化、合理化的培训课程体系，推动个性化教学的精确匹配。中公教育培训领域已由具有传统优势的公职培训拓展到职业教育、考研培训、语言培训等新兴业务领域，业务体系更具延展性和互补性。在课程设置中，引入市场、客服和消费者的建议，兼顾不同群体的需求和承受力，推行"专业、专项、专人"三个"精确匹配"的精细化教学法，将优质教学资源匹配到班、组，实施小班制教学，每班仅有学生 10 ~ 16 名，确保学生受到符合其自身特点的个性化精准教育。在科学设置课程的基础上，提升讲义和课程质量，设立讲义研发编辑小组，组织有经验的教师编写一批时代特征鲜明、特色浓郁、内容完整丰富、结构清晰严密、载体形式多样、特色突出的系列讲义。根据讲义要求，调整传统授课模式，增强实用性和趣味性，提高教学效率，从而持续改善培训效果、提升学员满意度。

三是落实校长负责制、院长负责制，实行社会责任履行情况与教学绩效相挂钩的综合目标责任制量化考核机制。对于负有全面管理职责的各级校长、负有教学管理责任的研究院院长（副院长），确立了量化、综合性的目标责任制考核评价机制，即年初总校长（公司法定代表人）与各分校校长、研究院院长签订目标管理责任书，对一年要达到的绩效目标进行确认、分解落实。考核指标不仅包括经营业绩，更强调人才培养、合同履行、教学质量等社会责任，将社会责任履行情况特别是教育质量问题摆在更优先的地位上。如责任书明确规定，对一年内出现三次教学事故的上级管理人员，予以降、免职等相应程度的处分；对培训有效率（通过率）同比提升或降低两个以上百分点的（含），对责任人员给予升职、加薪或者降职、降薪等奖惩措施。通过制度安排，强化管理人员履行社会责任的自觉性和紧迫感。

四是成立阳光互助关爱基金，将企业公益金注入企业内外公益事业。以2010年设立的中公教育阳光互助关爱基金为平台，通过企业公益金和内部募捐等渠道募集资金，全部用于内部特殊困难员工扶助和社会需求人士捐助，在历次员工家庭突发灾害事故和国内各地灾害事故中发挥了突出作用，成为民办教育公益事业中的一个创举。

二　保障员工权益

中公教育从创立之初，即坚持以"善"为核心的企业文化，将"奉献"和"责任"作为"善"的本质内涵，以此来甄别和培养人才，在各个方面用道德标准要求员工，用契约形式明确企业和员工各自义务，以价值观的倡导践行引领人才成长和企业各项契约义务的落实，实现以德聚才、以德驭才，使员工的健康、经济、社会、文化权益得到切实保障。

（一）以国家法律和企业价值观为准则签订劳动合同，从制度上保障员工基本劳动权益

每年中公教育依据国家劳动法，人力资源管理法律、法规、文件要求和企业价值观准则，在公平协议的基础上，与每名员工签订劳动合同，对于试用期满、符合教育工作要求的员工，一次签五年合同，使用国家统一的标准格式合同文书，明确保障员工的基本劳动权益和企业的法定义务。同时，人力资源部门和企业具体的用人部门通过面谈要约、入职引导等方式，向每名

新员工介绍企业各项薪资、休假福利待遇及诉求渠道，使员工明白享有什么，如何享有；合同期满后按规定与员工进行续签，合同因故中止时，积极主动为员工办理各项劳务变更事宜，确保其权益的延续。

（二）支持党支部和工会建设，建立员工关爱中心，从机制上保障员工合法权益

中公教育历来重视党建工作，在总部和各分部均建立了党支部，企业"一把手"亲任党总支书记，把支部建立在教育教学管理服务一线上，各级内部机构党组织健全；支持工会建设，在总部建立工会，在除北京外 30 个省级分支机构设立分工会委员会，8000 名员工中 5000 名为工会成员，加入工会率达到 62.5%，专兼职工会干部 31 人。工会将教育工作的四项职能结合起来，积极组织员工开展文化活动，对维护企业与员工关系、维护员工合法权益起到了重要作用。在总部层面，设立员工关爱中心，与各分部专职人员对接业务，近两年每年受理基层员工求助、申诉等百余件，开展特殊困难员工扶助和一线员工慰问活动十余次，有力促进了员工下情上达和实际困难的解决，成为联结企业与员工的温情纽带。通过上述努力，电话访谈和座谈会等形式调查显示，中公教育保障员工权益的满意度达到 95% 以上。

（三）设立总裁邮箱，自上而下做好员工权益监督维护工作

中公教育创始人、股份公司总裁极为重视以"做善良的人"为核心的企业文化与价值体系，将"爱之深"与"责之切"视为企业文化不可分割的一体两面，既倾力关爱员工，又严格要求员工特别是各级管理人员，严格履行岗位职责，重视员工利益诉求。自己以身作则，在大力推动建设员工权益维护机制的同时，设立总裁邮箱，直接接收和处理员工以事实为依据的邮件，畅通员工的意见表达和利益诉求渠道，虚心倾听大家的呼声，每年批办的员工诉求邮件 20 余件，件件责任到人，事事有结果、有回音，形成了全公司自上而下关注维护员工权益的良好氛围，促进了一些"老大难"问题的解决。

（四）严格落实劳动合同与劳资要约事项，全面保障员工核心利益

在企业主要领导的重视带领和各项机制的引领保障下，中公教育劳动合同签订率达到100%，工资支付率100%，以年度为单位，至每个会计年度结束前，员工工资拖欠率为0；在工薪体系中，除国家规定的基本劳动报酬和"五险一金"外，设有基本工资、绩效工资、工龄工资、教学津贴、业绩奖金和年终奖等员工收入项目十余项，2015年员工人力成本支出总额8.4亿元。近三年，员工实际收入（含工资、补贴、奖金）增长率保持在15%以上。

高标准推进社保参保工作，近两年为员工全面缴纳"五险一金"，各项社会保险参保率为100%，每年在此项费用上支出的资金为1.3亿元。

制订并落实中公教育员工成长计划，员工人均年教育、培训经费0.5万元，2016年组织全公司性质的员工成长专题知识拓展培训3次，授课人员主要为高校教授、研究机构专家；组织各种类型的业务培训、管理培训等多达上千次，充分发挥了教育企业的职能首先是育人的内部人才培育功能。

关爱员工身心健康，将年度体检作为一项固定福利，连续5年为全员进行免费年度体检，对因故不能参加统一体检的员工安排单独体检。除因个人原因弃检之外，员工年体检率100%。

员工享受法定带薪年休假率100%，实休率88%；在企业休假制度中规定员工工龄每满一年增加一天带薪年假，最高一年累计年假为10天。

针对培训机构脑力劳动繁重、高峰时期工作时间长、出差频繁、体力支出大的特点，中公教育为各个业务部门和分部配备劳动保护用品、急救药品，并经常性开展职场应急演练和生理安全知识讲座，帮助员工防止过劳和各类精神性、身体机能性劳动损伤，2015年劳保用品投入总额1200万元，人均经费1500元，人均经费年增长率10%；2015年员工安全事故伤亡率为0，截至2016年10月底未发生伤亡事故。

三 诚信生产（服务）经营

中公教育将"诚信"作为企业文化的九个核心要素之一，并相对于一般社会责任摆在更突出位置，坚持"学员第一、用户至上、质量为本、诚信为先"的基本经营理念，从四个方面保障诚信教育服务。

（一）赋予质量管理委员会超强职能，促进教育消费纠纷化解

早在 2011 年，中公教育在职业教育培训乃至民办教育培训领域，率先建立地位超然、职能超强的质量管理委员会，对教育教学质量进行统一领导，健全教师资质、课程质量的评估考核标准、教学行为和师德师风监测与奖惩制度，对于教学事故和违反师德师风管理规范的行为，落实主体责任，公开通报处理，全程责任追究，对直接责任人、连带责任人和领导责任人从基层员工一直追究到副总裁。近几年来，中公教育在质量、费用等各个方面与消费者出现的纠纷均得到了及时妥善处理，从未发生恶性问题，且问题发生率呈下降之势，教学事故年发生率降低到 2‰ 以下，退费规定时限办结率 100% 。

（二）重视承诺、践诺，定期督导和清理，促进各类业务合同履约

中公教育在市场委员会的体制框架内，先后建立完善了分校服务部、运营监督部、职场审批部、采购管理部、车辆管理部等职能机构，珍视商誉与伙伴，严格合同履约。在与各类业务伙伴签订业务合同过程中，由总裁和法务部集中把关，各职能部门加强监督，定期进行督导、暗访和清理检查，促进合同有效落实与全面履行，使每年的合同履约率达到 99.8% ，从未因费用支付、采购、租赁等合同履行问题发生过诉诸法律的纠纷。

（三）严守法律和道德底线，塑造良好法定代表人信用

中公教育法定代表人将其世界观、人生观和企业价值观的理解融入自身

的价值体系之中，并付诸企业管理与个人经济社会活动的实践，要求员工做到的法律与道德标准，自己首先做到，在公、私两方面的商务往来和社会交往活动中，从未产生负面信用行为，保持了良好的个人信用。

（四）严格依法运营，营造优秀信用等级评价

中公教育成立以专业律师事务所为顾问的公关法务部，采取周提醒、月检查、不定期暗访等形式，对公司上下各部门、分支机构和成员的依法运营和履约践诺情况进行严格监督。如 2016 年对公司图书、线上线下产品和宣传品涉及的《广告法》相关问题、知识产权相关问题进行专题培训暨专项整顿，思想上端正、程序上预防、执行上纠正，确保公司上下的运营行为符合法律规范标准，多家投资机构通过对公司信用、品质、偿债能力以及资本结构进行评估，认定中公教育信用符合 AAA 级信用标准。

四 维护国家利益

中公教育将大学生创业机构"书生报国、教育强国"的强烈使命感与理想情怀延续下来，实践至今，坚持把"善"即奉献首先是对国家的奉献置于企业价值观的核心，办学运营中时时以社会效益为考量，处处以国家利益为依归，做出了以下几方面贡献。

一是经济贡献。年就业安置贡献总量为 8000 人，扣除员工流动率等自然增减因素，每年新增安排就业 1500 人；2014 年、2015 年纳税总额分别为 6100 万元与 9700 万元，年纳税增长率 59%。

二是社会贡献。严格遵守法律法规和地方政策，近两年无受到法律和行政处罚的情况；积极参与社会公益活动，通过爱心基地和国内重大捐赠活动，慈善捐助总额达 3000 万元。

三是环境贡献。以人文中公、绿色发展的理念做好企业管理，重视环境卫生和环境保护、节能减排工作，环保重点任务全面完成，在人员总量保持平稳的前提下，资源能源单位消耗呈下降趋势。

五　参与社会公益

中公教育现有注册志愿者 500 余名，占员工比例 6.25%，2016 年截至 10 月末，企业志愿组织年人均志愿服务时间 1 年以上，参与各类社会公益活动的员工达 2000 人次，与首都多所高校、华东师范大学、四川绵阳北川社区等建立爱心助学和社会工作服务基地，所在社区对企业参与其建设的情况表示满意。

B.15
北京亚东生物制药有限公司
履行企业社会责任报告

摘　要：　本报告从保障员工权益、诚信生产（服务）经营、维护国家
利益、参与社会公益四个方面对北京亚东生物制药有限公司
履行企业社会责任进行阐述。在保障员工权益方面，亚东制
药从切实保障职工取得劳动报酬的权利，保障职工参加工会、
社会保险和职业技能培训的权利，保障职工获得劳动安全卫
生保护的权利三个方面入手。在诚信生产（服务）经营方
面，亚东制药坚持诚信、互利、平等协商原则，严格履约，
与合作伙伴建立并维持良好的关系，为消费者提供放心产品。
在维护国家利益方面，亚东制药加强保护环境，树立科学发
展观，促进生态环境保护，依法纳税。在参与社会公益方面，
亚东制药积极向昌平红十字会、昌平慈善协会等捐款捐药。

关键词：　亚东制药　员工权益　诚信经营　国家利益　社会公益

一　企业概况

北京亚东生物制药有限公司成立于 1991 年 5 月 25 日，是一家集研发、
销售、生产于一体的现代化药品生产企业。是最早进驻昌平科技园区的企业
之一。经过 25 年的发展，公司已经发展成为国家高新技术企业、国家火炬
计划重点高新技术企业、中关村"瞪羚计划"重点培育企业、北京市企业
技术中心。

目前企业在昌平已经拥有两个生产基地，占地约 45 亩，建筑面积约 30000 平方米，配备具有国际先进水平的制药设备，拥有预防用生物制品重组乙型肝炎疫苗（CHO 细胞）、颗粒剂、胶囊剂、片剂、水丸、水蜜丸、糊丸、浓缩丸、合剂、糖浆剂等十余个剂型。目前拥有批准文号 105 个，其中预防用生物制品重组乙型肝炎疫苗（CHO 细胞）获得国家科技进步一等奖，茵莲清肝颗粒获北京市科技进步三等奖，独家国家级新药 22 个，国家基本药物品种 28 个，国家医保用药 68 个，在全国制药企业中处于领先水平。

产品涉及重组乙肝疫苗类、肝病类、妇科类、儿科类、肿瘤类、心脑血管类等十五大类产品，基本涵盖了我们日常用药范围。亚东集团产品除台湾省外，在全国各省均有销售，历年销售额均在 3 亿元以上，利税在 800 万元以上，并且保持着年增长率 18% 的增长态势。随着公司创新投入的不断加大和体制的不断完善，企业创新能力大幅提升，近十年来已经自主研发药品 90 余个。专利技术和项目进展更是突飞猛进，目前公司已申请专利 260 余个，拥有授权专利 193 个。亚东公司近几年连续被评为北京市专利试点单位、全国专利示范单位。

公司积极响应党中央号召，积极推进京津冀一体化发展，在河北省安国市征地 90 余亩成立的全资子公司"安国亚东药业有限公司"目前已投入使用；在河北省廊坊市征地 287 亩，成立富国堂医药有限公司，目前正处于建设中；在安徽省亳州市征地 119 亩，成立北京亚东生物制药（亳州）有限公司，目前正处于建设中。北京亚东生物制药有限公司今后将致力于打造高端制药产业，公司投巨资进行中药及化药注射剂，以及生物制剂（疫苗）的研发及生产，目前已经成功引进 CHO 乙肝疫苗，预计 2017 年将正式投产，预计销售额将达 4 亿元，利税将超过 1000 万元。亚东制药公司在自身发展的同时，积极为昌平区做出贡献，多次向昌平红十字会、昌平慈善协会等捐款捐药，累计近 200 万元。被评为 3A 级守信企业、劳动和谐用工单位。

公司在经营活动中，秉承"勤奋严谨、创新求实、博学好问、慎思力行、俭朴刻苦、忍耐持恒"的企业精神，坚持诚信、互利、平等的原则，在追求经济效益、提高企业影响力的同时，将提供高质量的产品、保护消费者利益放在首位，同时积极保护股东、债权人和职工的合法权益，诚信对待供应商、客户，注重环境保护，热心公益事业，通过自身的不断努力为消费者提供放心产品，为员工营造良好工作氛围，为客户提供良好合作，为股东提供不断增长的企业效益，有效促进了企业自身与社会的和谐发展。

公司 2014 年员工平均人数为 295 人，2014 年营业收入为 14788.7 万元，员工平均工资为 3.51 万元，资产总额为 13052.18 万元，负债总额为 6757.08 万元，资产负债率为 51.77%，捐赠支出为 15 万元；公司 2015 年员工平均人数为 269 人，2015 年营业收入为 16750.58 万元，员工平均工资为 3.62 万元，资产总额为 10931.86 万元，负债总额为 4525.32 万元，资产负债率为 41.40%，捐赠支出为 8 万元。

二 保障员工权益

员工和公司的关系就是鱼和水的关系，员工是鱼，公司是水，没有水养鱼，鱼就没办法生存；水里没有鱼，就是一潭死水，所以员工利益和公司利益是息息相关、相辅相成的。公司的发展要靠全体员工的努力；反过来，公司发展了，规模效益上去了，就有充足的资金和充分的能力考虑员工利益，为员工谋福祉，这样公司才能留住人才、吸引人才，从而更加促进公司的发展。因此，要让企业更好地发展就必须依法保障职工的权益，使职工在公司工作的时候身心愉悦，这样才能为公司创造更多的价值。在保障员工的权益方面，公司很好地做到了以下几点。

（一）切实保障职工取得劳动报酬的权利

公司一直致力于完善并落实工资支付规定，健全工资支付监控、工资保证金和欠薪应急周转金制度，探索建立欠薪保障金制度，保障职工按时足额领到工资报酬。具体在薪酬制度上，公司根据企业所在地工资水平变化以及行业薪资标准，对工资方案、奖金方案等进行优化，实现员工薪酬的调整与公司发展同步。公司严格遵循按劳分配与绩效考核并重的原则,为员工提供合理的薪酬待遇,促进劳动关系的和谐稳定。另外,对于为公司做出了重大贡献的职工,由亚东集团人力资源部主持召开全体员工参加的表彰大会,总经理亲自对做出重大贡献的员工提出表扬,并颁发 500～10000 元的奖金,由此增强员工的积极性。除此之外,公司还通过公司网站、总经理信箱、董事长信箱、座谈会等多种方式加强公司与员工之间的沟通交流,积极采纳员工合理化建议,增强公司凝聚力,促进公司和谐、稳定发展。

(二)保障职工参加工会、社会保险和职业技能培训的权利

工会精心为准妈妈营造了独立的妈咪屋,并且购买添置了冰箱、沙发、微波炉、衣柜等家具电器,为准妈妈提供了贴心、温暖的服务。

企业依法为职工缴纳各项社会保险费,引导职工自觉履行法定义务,积极参加社会保险。

公司加强对职工的职业技能培训,通过参加各种培训,不断提升员工总体素质,拓宽员工就业平台,加强人才队伍建设,保障各部门工作顺利开展,提升公司的战略高度。公司鼓励职工参加学历教育和继续教育,提高职工文化知识水平和技能水平。在公司的大力支持下,员工积极参加反垄断培训计划、劳动争议问题培训、医药协会培训计划、股权激励机制培训等多次培训,提高了员工的文化水平和技能水平。

(三)保障职工获得劳动安全卫生保护的权利

公司严格执行国家劳动安全卫生保护标准,加大安全生产投入,强化安全生产和职业卫生教育培训,提供符合国家规定的劳动安全卫生条件和劳动保护用品。严格执行安全管理制度,设立了安全生产领导小组,负责对公司整体生产、生活安全的治理、监管与宣传。

小组每年制定安全生产管理目标,从公司领导层直至车间班组长层层落实,签订安全生产责任书,责任到个人。定期对全体员工进行安全生产、法制、消防安全、交通安全等方面的宣传教育培训,每年至少组织两

次消防安全教育培训、消防应急疏散演练及灭火器消防水带实地操作灭火演练，使员工深刻认识到安全生产的重要性、必要性，提高自身的安全防范意识。

公司对从事有职业危害作业的职工按照国家规定进行上岗前、在岗期间和离岗时的职业健康检查，加强女职工和未成年工特殊劳动保护，最大限度地减少生产安全事故和职业病危害，以保障职工的健康安全，使广大员工深切感受到企业的关怀，体会到公司大家庭的温暖。

三 诚信生产（服务）经营

供应商、客户、消费者和公司一起生产和创造价值。公司坚持诚信、互利、平等协商原则，严格履约，与合作伙伴建立并维持良好的关系，为消费者提供放心产品。

（一）企业与供应商

随着供应链管理思想在我国的不断发展，越来越多的生产企业已经认识到，与上游供应商建立长期的战略合作伙伴关系对企业长期发展具有不可替代的作用。因此，双方只有着眼于长期的共同发展，建立一种以合作和信任为基础的战略合作伙伴关系，才有可能使整条供应链以最低的成本向顾客传递最优的顾客价值，进而提高整个供应链的价值增值能力，以增强所在供应链的竞争力。在与供应商保持良好的关系及保障供应商权益方面公司很好地做到了以下几点。

1. 选择优秀供应商——质量控制的重要环节

首先，对供应商进行基本情况调查。如果供应商是企业的老供应商，现在要扩展新供货品种，则可查询企业对该供应商的评定资料。评定资料应包括该供应商的质量供应能力、供货及时性、财力状况、对质量问题处理的及时性及其他相关信息。如果被调查对象是准备开发的供应商，企业没有关于该供应商的详细资料，可调查其他企业或企业内其他分公司对该供应商的评审资料。从这些资料中可以获得供应商在同种或类似产品上的各类信息，甚至可能包括该供应商的技术开发实力或在哪方面具有合作优势。

其次，对供应商进行管理体系审核和保证能力评估。必要时，企业可选派有经验的审核员或委托有资格的第三方审核机构对供应商进行现场审核和调查。对已通过体系认证的，可关注其反映持续改进的管理评审、内审、纠正/预防措施、检验与试验等较易发现问题的过程。如果这些方面处理得好，该企业应该具有较好的合作潜力。对未通过体系认证的企业，应着重从控制的有效性入手，关注其采购、设备、人员、检验等重要过程。企业未通过体系认证，只是说明其可能未按照标准建立体系，并不意味着它质量管理体系不健全，更不意味着它没有管理体系。只要企业对关键要素和过程控制良好，产品质量能够达到企业要求，就具备合作的基本条件。

最后，供应商的确定。经过调查、论证等过程的选择，符合企业要求的即为备选的合格的供应商。在这整个比较选择的过程中，企业应遵循高质量、低价格、重合同、守信用、管理好、距离近的原则。一般来说，应特别注意综合考虑价格和质量损失，避免简单采用比价采购给企业带来的质量风险。另外，同一产品的供应商数应根据产品的重要程度和供应商的可靠程度确定。一般可以保持 2~3 个，以保证供应的可靠性和形成竞争，有利于产品质量的持续改进和提高；对于经营稳健、供应能力强、信誉好、关系密切的供应商可以只保留一家，这对供需双方都是很有利的。

2. 互利共赢的供应商——质量控制的契约要求

为了保证顾客对产品与服务的满意度，企业必须对产品形成的全过程进行严格的管理与控制。为了使整个供应链中每一个环节，即合作伙伴，明确他们对质量的责任与义务，并保证实现，伙伴之间必须以契约的形式形成承诺，并按照承诺的内容测量质量与服务。这里所说的契约仅指得到相关方签署的，规定供应链各环节之间质量责任的文件化条款，包括合同和协议。严肃合理的契约对双方不仅起到可靠的约束作用，而且可以有效保护双方的利益。

签约符合这些要求或内容：保证契约内容与标准、法规和企业制度的统一性；契约内容应实际有效；契约应明确双方的权利和责任，鼓励供应商的持续改进与创新；契约的内容应公正、公平；契约应是经过双方充分协商达成的共识，不应只是一方对另一方的宣言或要求，内容要经过双方认可和确认。另外，契约内容应涵盖从产品开发、试制、检验、包装运送到不合格品处理、售后服务的全过程，所以契约可包含多个层次，如供货合同、质量保证协议、技术协议、售后服务协议等。通过签约，建立良好的合作关系，实现双方共赢。

（二）企业与客户

广大经销商是公司销售收入和净利润的主要、直接贡献者，是企业赖以生存和发展的基础。公司认为，只有始终坚持对经销商负责，为经销商提供完善的服务和优质的产品，才能实现企业的价值。公司的发展最终取决于广大经销商的发展，与经销商共同成长是公司经营管理的重要出发点。

公司与客户长期坚持合作伙伴关系，为加盟商提供订货指导、员工培训、管理技能培训等综合服务，帮助加盟商建立组织架构。通过一系列措施，保证相关营销及扶持政策的有效贯彻，扶持有潜力的代理商及经销商发展壮大，不断优化公司客户团队，保证公司渠道建设健康发展，实现公司与客户双赢。

公司产品销售网络遍及全国30多个省份以及东南亚等海外市场，销售额逐年大幅度增长，并与北京地坛医院、北京佑安医院、北京市人民医院、北京同仁堂药店、金象大药房、老百姓大药房、大森林、海王星辰等建立了长期良好的合作关系。为满足公司快速发展的现状，公司领导决定组建自己的销售团队。现已在北京、山东、吉林、天津、四川、浙江、湖北、广东、云南九个地区成立了办事处。

北京亚东生物制药有限公司的营销运营中心位于北京市海淀区北四环中路229号的海泰大厦，主要致力于亚东药品营销和集团全面运营管理，包括财务中心、营销中心、商务中心几大运营部门，运营中心拥有员工 130 余人，其中驻外销售团队 30 余人。

（三）公司与消费者

1. 从源头把关

公司严格把控产品质量，实行从原料、辅料到终端产品的质量监控体系，保证产品质量。公司药品所采用的原料等，都是检验合格后方可使用，产品在生产过程中由公司质量检测人员全程跟踪检测，周密的质量监控体系保证公司产品质量，保护广大消费者权益。

2. 从品牌做起

为了保证消费者能够买到正宗的药品，公司加强商标管理，先后注册了瑞晴、亚东瑞晴、亚东、司布欣等多个商标，到 2015 年，亚东牌药品已经在国内具有相当大的知名度。

20 余年来，随着对自主创新投入的不断加大，创新能力不断提高，办公环境不断改善，企业的发展活力在大幅度增强。在不断发展过程中，企业的知名度在医药领域和患者心中不断提高，产品得到了大家的认可。截至目前，公司先后获得了北京市工商行政管理局等各部门颁发的多项荣誉。先后被评定为守信企业、北京市专利试点先进单位、北京市重点知识产权联盟会员单位、四部委联合认定高新技术企业、北京市纳税 A 级企业、北京医药行业协会副会长单位等多项荣誉。

3. 与消费者的沟通

公司高度重视与消费者的紧密沟通，积极打造与消费者沟通的平台。公司定期进行消费者调研，通过与销售终端面对面交流，开展满意度调查，密切关注消费者需求，加强药品研发，开发出满足消费者需求的药品。公司成立客服部负责售后服务工作，听取消费者对产品和服务的投诉，协助消费者进行产品的退换和修理，并监督各终端门店切实做好售后服务工作，确保问题得到及时、快速的解决。

四 维护国家利益

（一）保护环境

公司作为一家负责任的企业，在发展中加强保护环境，树立科学发展观，促进生态环境保护，实质上是要处理好眼前和长远利益、局部和全局利益的关系，对环境保护的认识问题，从根本上说是如何把握"发展"与"保护"的关系问题。经济发展是硬道理，环境保护是硬要求，我们要承认发展与保护之间客观上存在一定矛盾，但更要相信发展与保护能够取得双赢。促进发展是环境保护的根本目的，环境保护也是科学发展的应有之义，必须坚持在保护中促进发展，在发展中加强保护。

因此，为实现发展与保护的双赢，公司抛弃"高投入、高消耗、高排放、低效益"的粗放型增长方式，坚持走科技含量高、经济效益好、资源消耗低、环境污染少、人力资源优势得到充分发挥的新型工业化道路，对于生产、服务和运营过程中给社会带来的环境污染、能源消耗、资源综合利用、安全生产、产品安全等问题都会进行严格评估，并制定一系列指标，研究相应的改进措施。发展与保护正是在这里找到结合点的。

公司在昌平厂区建立污水处理站，对污水进行处理，为保护环境，公司多次对污水站进行工艺改造，更新设备，加大污水站处理污水的能力，现公司的污水已达到排标水平。

（二）纳税义务

自公司成立以来，公司不断建立、健全各项规章管理制度，支持国家政策，积极履行企业社会责任，完成纳税人的义务，亚东集团产品除台湾省外，全国各省均有销售，历年销售额均在3亿元以上，利税在800万元以上。

五　参与社会公益

　　亚东制药公司在自身发展的同时，积极为昌平区做出贡献，多次向昌平红十字会、昌平慈善协会等捐款捐药，具体捐款情况如下：2005 年，北京亚东生物制药有限公司向北京市昌平区慈善协会捐赠 10000 元；北京亚东生物制药有限公司在 2005 年 6 月 24 日昌平区慈善协会第一次会员代表大会暨一届一次理事会上当选为理事单位；2007 年，北京亚东生物制药有限公司向北京市昌平区慈善协会捐赠 10000 元；2008 年，北京亚东生物制药有限公司向北京市昌平区慈善协会捐赠 20000 元；2008 年，汶川地震后北京亚东生物制药有限公司向震灾区捐赠价值 100 万元的药品及人民币 12 万元，在 2008 年被中国红十字授予“人道服务奖章”的光荣称号；2010 年 1 月，北京亚东生物制药有限公司获 2009 年度扶贫济困奖；2011 年，北京亚东生物制药有限公司向北京市昌平区慈善协会捐赠 80000 元；2012 年，北京亚东生物制药有限公司向北京市昌平区慈善协会捐赠 100000 元；2012 年，北京亚东生物制药有限公司向北京市昌平区慈善协会捐赠 80000 元；2013 年，北京亚东生物制药有限公司在山东省 2013 年“中医中药中国行进乡村暨中医药服务百姓健康行动”中捐赠价值 50 万元的药品；2014 年，北京亚东生物制药有限公司向北京市昌平区慈善协会捐赠 150000 元；2015 年，北京亚东生物制药有限公司向北京市昌平区慈善协会捐赠 80000 元。

B.16

北京兰格电子商务有限公司
履行企业社会责任报告

摘　要：　本报告从保障员工权益、诚信生产（服务）经营、维护国家
利益、参与社会公益四个方面对北京兰格电子商务有限公司
履行企业社会责任进行阐述。在保障员工权益方面，兰格公
司为员工办理了各种社会保险，员工社会保险的参保率一直
保持在100％。在诚信生产（服务）经营方面，兰格公司常
年坚持准确、及时、客观、公正的原则，为客户提供公平、
公正的价格，在行业内树立了良好的口碑。在维护国家利益
方面，兰格公司积极捍卫国内钢企的利益，高度重视技术和
产品创新在企业发展中的战略地位，密切关注前沿科技并且
依法照章纳税，纳税额呈逐年增长的态势。在参与社会公益
方面，兰格公司热心慈善事业，经常组织和参加社会公益
活动。

关键词：　兰格公司　员工权益　诚信经营　国家利益　社会公益

一　企业概况

北京兰格电子商务有限公司成立于 1996 年，是国内知名的综合性钢铁
行业电子商务企业。兰格公司以钢铁信息服务和现货网上交易两大服务为核
心，以引领钢贸行业发展为己任，致力于为用户提供便捷的全流程钢铁电子
商务服务。随着公司规模的不断扩大，公司又相继成立了北京兰格百子湾钢

材市场、北京兰格世纪广告有限责任公司、上海兰格信息咨询有限责任公司、北京兰格钢铁电子交易有限公司、天津兰格钢铁电子交易管理市场有限公司、北京兰格加华置业有限公司等9家公司。

兰格公司为了进一步提升钢铁交易环境、引领和带动整个行业向更高层次发展，为了把更多钢铁生产和贸易企业聚集在一起以推动钢铁行业的产业链和供应链建设，在通州建设了具有产业经济特征的智库园、创新园、财富园、发展园——总建筑面积32万平方米的兰格加华产业园（经略天则北京台湖总部基地）。在设计上，产业园以满足企业商务为主要建筑形态，包括600～2400平方米的企业独栋、200～300平方米的SOHO办公、5000～6000平方米的集中创意研发和大型办公楼；在设施上，产业园提供"一站式"高端配套服务，辟有商业配套、金融配套、商务酒店、企业食堂、企业宿舍以及多组休闲广场和体育设施；在环境上，产业园以打造北京首屈一指的国际商务花园为中心，绿化面积达到30%以上；在风格上，产业园采用德式包豪斯建筑风格，表现出高度的规划性、精确性、严谨性和特有的建筑美感；在管理上，产业园搭建了企业服务中心、金融服务中心、人才服务中心、企业交流中心、物业管理中心等"八大服务平台"，同时引入电子商务、信息数据处理、云计算等高科技专属产业服务模式，为企业提供周全的"贴心式"服务。

兰格公司围绕着为客户服务，不断与时俱进、创新交易模式，于2012年开发了具有集信息功能、资源功能、支付功能、融资功能和仓储物流功能这五大核心功能于一身的独特的钢铁电商模式——兰格现货交易平台，帮助企业销售系统全面升级，使企业销售全面电商化、市场化，推动钢铁流通行业模式变革。成立20多年，兰格公司一直专注于钢铁行业的信息服务，是国内最早从事钢铁信息服务的企业，所办兰格钢铁网是国内钢铁行业出现最早、规模最大、内容最专业的钢铁信息门户网站，是钢铁行业经营活动的重要信息来源，在行业内树立了良好的口碑和品牌形象。

近年来，尽管经营形势严峻，公司还是在逆境中获得了长足发展：2014年，企业拥有员工142人，营业总收入4777.54万元，人均水平

33.64 万元，资产负债率 42%；2015 年，拥有员工 135 人，营业总收入 9529.62 万元，人均水平 70.59 万元，资产负债率 42%；2016 年上半年，营业收入 1.5 亿元。

二　保障员工权益

在保障员工权益方面，公司不仅严格遵守劳动法、提供优越的办公环境，还为所有员工办理了养老保险、医疗保险、失业保险、工伤保险、生育保险，使员工社会保险的参保率一直保持在 100%。

三　诚信生产（服务）经营

在诚信生产（服务）经营方面，兰格公司是国内最早从事钢铁信息服务的企业，将诚信服务当作立足之本。作为钢铁行业最早的垂直门户网站，兰格钢铁网的网价在全国，特别是在我国北方地区具有绝对影响力。兰格网价即兰格公司每天提供给钢材市场的批量成交价格和工地采购结算指导价，获得了钢厂、贸易商和终端客户的广泛认可，很多建筑企业都把兰格当天的工地采购价约定在合同中执行，按照兰格工地采购结算价进行钢材交易。兰格网价常年坚持准确、及时、客观、公正的原则，极大地方便了终端客户，解决了供需双方的价格争执，在行业内树立了良好的口碑，为钢材价格客观公正起到至关重要的作用，促使全国形成了"螺线价格看北京，北京价格看兰格"的局面。

四　维护国家利益

过去几年，国际几大矿商为了利益最大化，不断抬高铁矿石对中国的出口价格。兰格公司董事长刘长庆亲自带队，组织公司团队积极配合国家有关方面通过媒体和多种渠道，与国外矿商做针锋相对的斗争，用实际行动打破了他们的垄断，捍卫了国内钢企的利益。在为钢企提供服务中，兰格钢铁网每天发布新信息 1 万余条，是国内钢铁行业经营活动的重要信息来源。

作为互联网公司，兰格公司一直高度重视技术和产品创新在企业发展中的战略地位，密切关注前沿科技，及时满足和引导客户需求，保持着产品线的技术领先。2013 年，公司凭借一系列智能信息服务技术，最新开发了应用在移动终端上使用 wap 手机网和 APP 移动客户端；在兰格大数据支持下，研发了钢铁在线咨询系统；依托丰富的客户资源积累，研发了钢铁资源地图。随着新媒体的迅速发展，公司又及时开通官方微博、微信，进一步拓展了服务范围和服务模式。兰格公司一直依法照章纳税，且纳税额呈逐年增长的态势，2013 年上缴 101 万元，2014 年上缴 108 万元，2015 年上缴 120 万元。身为非公有制经济人士和西城区政协委员，公司董事长刘长庆主动参政议政，为组织建言献策，积极参加、参与西城区工商联（商会）的各项活动。

五　参与社会公益

在参与社会公益方面，兰格公司秉承的是"崇德向善，奋发向上"的理念。董事长刘长庆发扬团结友爱、乐于助人的精神，在做好本职工作的同时，还积极热心公益事业，用实际行动回报社会。他热心教育事业，除了投身清华大学继续教育学院和钢铁同学会的义务工作外，他还将兰格公司纳入首都经济贸易大学和北京物资学院的实习就业基地，为大学生提供社会实践场所。在刘长庆的带领下，公司热心慈善事业，经常组织和参加社会公益活动。汶川大地震发生后，主动组织员工捐款捐物，还积极参加了由北京市金属材料商会组织的筹集善款、支援灾区活动。

此外，作为钢铁行业内的服务型企业，公司把工作重心投入助推我国钢铁行业的发展上，将为整个钢铁行业提供服务作为履行企业社会责任的一项重要内容加以实施：《兰格钢铁》杂志是国内最早出现的钢铁信息类纸媒，兰格搜钢率先为钢铁贸易商提供钢铁搜索的工具 lgsou，成为中国钢铁行业内第一大钢铁搜索引擎；公司拥有超过 30 万的钢铁全产业链用户，覆盖了华北、东北、中南、华东等国内重点区域，它们通过各种渠道，每天都可以享受到兰格提供的各种形式的服务；兰格以超强的远见开创了钢铁电子商务行业，已为钢厂建设及正在筹建的电子商务平台有 20 多家，为钢企减少了交易成本、增加了营业收入；公司每年组织的金牌供应商全国评选，为提倡诚信、净化钢铁市场的经营环境，做出了重要贡献；兰格每年举办环渤海钢铁市场论坛，目前已连续成功举办了 11 届，论坛业已成为全国钢铁行业规模最大、档次最高的行业盛会，推动了我国钢铁行业的健康发展。

B.17
北京中加实业集团有限公司
履行企业社会责任报告

摘　要：　本报告从保障员工权益、诚信生产（服务）经营、维护国家利益、参与社会公益四个方面对北京中加实业集团有限公司履行企业社会责任进行阐述。在保障员工权益方面，中加实业严格遵守劳动和社会保障方面的法律、法规和规章，依法保护职工的合法权益，建立和完善包括薪酬体系、激励机制等在内的用人制度，保障职工依法享有劳动权利和履行劳动义务。在诚信生产（服务）经营方面，中加实业坚持以为用户提供最优质的工程为己任，树立诚信经营的理念，把诚信经营作为企业的追求。在维护国家利益方面，中加实业依法纳税，为社会解决劳动力就业问题，同时带动所在地的相关行业的发展。在参与社会公益方面，中加实业主动参与公益事业、积极承担社会责任。

关键词：　中加实业　员工权益　诚信经营　国家利益　社会公益

一　企业概况

北京中加实业集团有限公司是集房地产开发、实业投资及物业管理于一体的集团企业。是梁晓华先生于 1997 年创办的一家非公有制企业，注册资本 1 亿元人民币。经过十几年的发展，现总资产达 30 多亿元，年创税 1 亿元以上，共有员工 826 名。截止到 2015 年底，累计上缴税金 8.701 亿元，对外捐赠 2680 多万元。公司先后荣获全国就业与社会保障先进民营企业，国家税务局纳税先进会员企业，北京市就业与社会保障先进民营企业，北京市和谐劳动关系先进单位，北京市文明单位标兵，北京市私营个体经济协会先进私营企业、北京市工商联系统文明单位，市私个协系统文明单位，首都非公经济参与奥运服务奥运先进集体，北京市工商行政管理局守信企业，北京市优秀私营企业，北京市纳税先进会员企业，北京市就业与社会保障先进民营企业，北京市和谐劳动关系先进单位，北京市绿色企业，北京市先进民营企业，北京非公经济联谊会 2009 年度信息工作先进单位，首都文明单位标兵，密云县慈善救助协会会员单位，密云县优秀私营企业，密云县 2011 年度抗洪救灾先进企业，密云县 2013 年"安康杯"优胜单位等荣誉。

公司以房地产投资开发、承接建筑工程项目施工为主业，主要在北京市区域内经营。公司依托住房经营开发，逐步向资产投资多元化方向发展。现拥有十几家子公司（其中，北京中加伟业房地产开发有限公司开发资质为二级，系北京中加实业集团有限公司全资子公司），6 家参股公司，并同香港、台湾等多家大型公司保持着良好的合作。公司主要在北京市城区从事房地产投资开发，以优良的质量先后开发完成了丰台南苑、九敬庄、大兴德茂庄、原宣武区中加大厦商住楼和朝阳区金港国际花园及石韵浩庭等大型开发建设项目。2002 年公司积极响应密云县委、县政府的号召，先后投入 1.6 亿元资金，采取收购、参股引进、合作等形式参与了密云中加商务会馆、北京燕山机床附件厂、密云污水处理厂、农机研究所、密云吉鼎综合批发市场、北京富泰革基布股份有限公司等多家国有集体企业的改制改造，盘活了大量的国有集体资产，使 1800 多名国企职工和 200 多名农民得到妥善就业和安置。给社会减轻了负担，为政府排忧解难，为社会稳定做出了贡献。同时开发建设了中加云秀花园别墅、公寓区、中加吉鼎商贸城、中加大厦、公安局大楼、渔阳公寓、公安局出入境大厅、中加开园、中加福园、中加锦园、中加簋秀、中加荣园等开发建设项目。截至目前累计完成商品房开发面积达 160 多万平方米，同时配套建设一大批公用附属设施，取得了良好的经营业绩和社会信誉，公司已开始向规模化经营方向发展。

二 保障员工权益

公司严格遵守《中华人民共和国劳动法》《中华人民共和国劳动合同法》等劳动和社会保障方面的法律、法规和规章，依法保护职工的合法权益，建立和完善包括薪酬体系、激励机制等在内的用人制度，保障职工依法享有劳动权利和履行劳动义务。

（一）严格执行劳动法律法规

公司根据劳动法律法规，先后从管理、员工休假、加班费标准等制度方面依法进行修改；坚持同工会友好协商，签订"集体合同"和"集体工资协议"使员工的工资、各种福利待遇得到了很好落实，各类社会保险参保率100%；员工劳动合同签订率100%、及时续签率100%，无劳动争议案件，保障了员工权益的满意度和员工队伍的稳定，促进了和谐企业建设。

（二）员工福利待遇

公司始终重视企业和谐，支持工会工作，坚持按月足额给工会划拨会费，为工会工作提供资金保障，员工加入工会会员的比例为100%；为预防疾病的发生，每年对员工进行健康体检；公司组织员工年体检率100%；员工收入增长率在10%以上，工资支付率100%；员工100%享受法定带薪年休假；发放独生子女补贴；发放取暖补助费；员工午餐全部免费；根据企业经济效益的增长情况，进行年度薪酬回顾，为员工提高薪酬和奖金；三八节期间，为女员工购买节日礼物等。

（三）企业送温暖工程

公司始终如一地关心党员群众的工作和生活，努力为员工办实事、凝心聚力，维护社会稳定。一是公司行政支持，拨款让工会为困难员工提供援助和慰问；二是公司班子成员亲力亲为，与工会人员一道前往患病员工的床前慰问，走访家庭成员嘘寒问暖，及时送去公司的温暖；三是通过区私个协，市、区工会及集团上下联动，为因大病造成困难的员工筹集困补资金近 20 万元，为他们送去了组织的温暖，体现了组织对他们的关怀。

（四）员工培训教育工作

员工是企业可持续发展的动力，重视员工培训是公司一贯的传统。公司积极组织开展多种形式的岗位培训、技能培训、管理培训等，并鼓励和奖励员工自我学习，帮助员工制订职业规划，鼓励员工承担有挑战性的工作，着力打造"学习型"的企业。员工人均年教育、培训经费达 550 元左右。

（五）公司环境保护和节能减排情况

公司坚持贯彻科学发展观，坚定不移地走新型工业化道路，坚持"绿色环保，持续改进"的环境方针，将绿色建材用于建筑工程，在建筑节能管理中，将建筑开发所涉及的几乎所有工地都包括进去；建立起废弃建材原料等的循环利用的制度及措施以及企业废弃物再利用责任制；在进行强制性管理的同时，以经济手段刺激废弃物减量化；严格遵守市建设行政主管部门的《建筑垃圾排放标准》；工程在规划阶段就优先考虑工程区域内的土石方平衡；进行工程内外部的噪声控制及加强施工现场噪声监测。未发生环境污染事故。杜绝了重大事故和人身伤亡事故，职业病发病率无。

（六）积极维护社区安全与稳定

公司为开创维稳工作与相关工作相互促进的新局面，站在全局和战略的高度看待维稳工作，与密云区密云镇城关派出所、十里堡镇西滨河派出所开展和谐共建活动，做到统筹兼顾，通过把维稳工作与作风建设、实施凝聚力工程结合起来，真正做到看好自己的门，管好自己的人，做好自己的事，确保各项措施落到实处，确保社区社会治安稳定，携手共建美好和谐的家园。

公司与社区和谐相处，加强员工职业道德教育、社会公德教育、家庭美德教育，加强不稳定因素排查，社区比较稳定，未发生员工违法刑事案件，未发生员工及其家属集体到政府上访事件。

三 诚信生产（服务）经营

公司始终坚持"做好每一个工程"的经营理念，以诚经营，惜诺如金，笃信诚信是企业的生命，坚持以为用户提供最优质的工程为己任，树立诚信经营的理念，把诚信经营作为企业的追求。近几年，公司银行资信定级：AAA级信用企业；工商企业信用监管评价：守信企业；劳动保障书面审查信用：北京市和谐劳动关系单位；纳税信用等级A级，纳税先进会员企业等，主要体现在以下两个方面。

（1）创建诚信经营准则和企业与员工的行为规范，明确企业健康发展的价值取向。在建设诚信企业的过程中，公司从确立生产经营准则和行为规范入手。

（2）打造企业领导率先垂范立诚守信平台，为企业经营和员工成长提供行为导向。一是把道德修养、诚信建设作为班子建设的重要课题，作为总结工作、剖析思想的一项内容，不断完善诚信经营准则和行为规范；二是严守合同契约，不计较一时一事利益得失；三是对待员工做到言必信，行必果，树立诚实守信的榜样。公司内做出的决定，承诺的事情，签订的协议书、责任状，公司领导都做到一一兑现，没有失信于员工，塑造了领导者良好的形象，赢得了员工的好评。2015年末，公司资产负债率为5%，到期债务偿还率为100%；违约债务为0；企业和解消费纠纷率100%。

四 维护国家利益

公司的使命是创造财富、服务社会，以追求经济效益、社会效益和代表先进地产行业为目标。在谋求公司价值的过程中，积极回报社会，促进国家和社会发展。

（1）公司超额完成经营目标任务，以良好的业绩回报社会。2015年，公司营业收入149446万元；上缴税金5710万元，为国家和地方经济建设做出了积极贡献。

（2）稳健经营、发展，为社会解决劳动力就业问题。截至2015年12月31日，公司在职员工人数为826人，残疾员工占员工总数的比例1%。

（3）带动公司经营所在地房地产相关行业发展。作为密云地区较大的房地产公司，近些年的良好发展，有力带动了当地房地产业相关行业的发展。

五　参与社会公益

公司大力培育和发扬"义利兼顾，德行并重，回馈社会"的光彩精神，在企业发展、效益增加的同时，不忘回报社会的责任。

（一）主动参与公益事业，努力回报社会

近年中，公司热心公益事业，企业参与各类社会公益活动的人次不断增加、社区对企业参与其建设的满意度等不断提高。企业累计向社会捐款捐物达2680多万元。其中，市政建设1240多万元；文化、教育、体育事业260万元；环保事业400多万元；和谐共建60万元；抗击"非典"20多万元；新农村建设及养老爱老180多万元；慈善机构120多万元；扶贫济困70多万元；四川地震100万元。还出资3000多万元，参与了密云奥运火炬传递路线周边环境的治理工作；将3000平方米的房屋捐赠给北京市水源保护基金会；向密云飞鸿世纪园捐赠了中华第一鼎"云鼎"；向白乙化烈士纪念馆捐赠了白乙化烈士铜像；整治美化白河工程；整修潮河古堤；重修冶仙塔等。

（二）承担社会责任

十几年来，公司发扬"团结奉献、务实创新"的企业精神，外闯市场、内抓管理，使企业迅速发展壮大，既保障了企业的良好运作和员工的利益，又取得了显著的社会效益。在企业的发展扩张中，先后安置下岗职工1000余人，大部分为原国有企业的员工，安排13名大学生就业，给社会减轻了负担，为政府排忧解难，为社会稳定做出了贡献。

B.18
北京天恒建设工程有限公司
履行企业社会责任报告

摘　要：　本报告从保障员工权益、诚信生产（服务）经营、维护国家利益、参与社会公益四个方面对北京天恒建设工程有限公司履行企业社会责任进行阐述。在保障员工权益方面，天恒建设积极为员工足额缴纳社会保险并按时发放工资及福利。在诚信生产（服务）经营方面，天恒建设始终执行国家法律法规和政策方针，遵守市场行为规范，坚持公平竞争，信守合同，维护行业信誉。在维护国家利益方面，天恒建设依法照章纳税以及积极履行各种环保义务。在参与社会公益方面，天恒建设积极为社会发展贡献力量，积极参与建设主管部门、行业协会、社会上的各项研究及公益活动，为推动行业发展做出贡献。

关键词：　天恒建设　员工权益　诚信经营　国家利益　社会公益

一　企业概况

北京天恒建设工程有限公司成立于 1956 年。公司在 60 年的发展历程中，始终专注于工业与民用建筑施工领域的事业。先后承建了中国航天标准大厦、北京市民政局救助站、十一学校亦庄校区、同仁堂生产基地、北京新机场安置房等多个保障房项目等重大工程。公司拥有完善的管理体系，确保了产品质量、作业环境及生产安全。

公司坚守"诚信、敬业、追求、创新"的企业精神,努力建设精品工程和承担社会责任。先后获得了国家优质工程奖、国家级"AAA级安全文明标准化工地"、詹天佑金奖及北京市长城杯等多种奖项。

公司的企业技术中心致力于把科技进步和科技创新作为企业持续发展的重要支撑,与多家高校合作,取得了多项科研成果,并形成了以企业技术中心为核心的技术创新发展体系。

公司下属的北京天恒安科工程技术有限公司,承担了多项安全风险评价任务。公司投资建设的"北京城市副中心工程安全体验培训中心""天恒建设安全体验培训中心""新航城安全体验培训中心"创新了安全教育模式,提高了对建筑工人进行安全教育的水平。

公司管理团队敬业,全体员工充满着工作激情,创新力持续。公司努力为每位员工提供发展机遇,使每位员工在团队中能充分体现自身价值。

公司目前拥有房屋建筑工程施工总承包一级、市政公用工程施工总承包一级、建筑装修装饰工程专业承包一级、机电设备安装工程专业承包二级、特种工程(结构补强)专业承包资质,并持有ISO 9001质量管理体系认证、ISO 14001环境管理体系认证、GB/T 28001职业健康安全管理体系认证证书。

公司拥有在册员工522人(截止到2015年底),公司2015年度经营总收入为216929.7万元,人均水平为415.57万元,资产负债率为78.34%。

二 保障员工权益

天恒建设一贯重视保障员工的合法权益,为在职员工足额缴纳社会保险并按时发放工资及福利。在公司主管领导的带领下,人力资源部制定了《员工手册》,明确了岗位职责及员工权益。建立了《员工考勤和休假管理制度》《员工绩效薪酬管理制度》《员工社会统筹保险管理制度》《员工培训管理制度》《奖励办法》等制度,将各项合法权益进行制度化、公开化,保障员工各项合法权益的有效实现。此外,公司领导注重对员工的关怀,每逢中国的传统节日,向员工发放慰问品。在暑期施工中,为员工发放绿豆、白糖、西瓜等防暑降温食品；在冬季施工中，为员工发放猪肉等慰问品；每年定期组织员工体检，其中女职工一年组织两次体检；组织员工外出旅游；每年的六一节前夕，公司都会向有子女的员工发放教育慰问金。具体情况如下。

天恒建设 2014 年拥有员工 526 人，参保人数 526 人，2015 年拥有员工 522 人，参保人数 522 人，五险参保率均达到了 100%，其中 2014 年缴付金额为 1665.18 万元，2015 年缴付金额为 1842.59 万元。员工工资支付率为 100%，其中，2014 年已付工资总额为 4142.5 万元，应付工资总额为 4142.5 万元；2015 年已付工资总额为 4697.3 万元，应付工资总额为 4697.3 万元。2014 年员工平均工资为 7.88 万元，增长率为 10.89%，2015 年员工平均工资为 8.91 万元，增长率为 13.18%。2014 年及 2015 年公司均无劳务派遣员工。

2014 年员工人均年教育、培训经费为 5.24 万元，2015 年员工人均年教育、培训经费为 18.38 万元。

天恒建设重视员工的体检工作，公司每年均组织员工开展体检工作。2014 年企业组织员工年体检率为 82.3%，2015 年企业组织员工年体检率 80.5%。

公司重视员工的带薪休假，建立《员工考勤和休假管理制度》。2014 年员工享受法定带薪年休假人数为 526 人，实际享受员工 526 人，2015 年员工享受法定带薪年休假人数为 522 人，实际享受员工为 522 人，休假率为 100%。

公司的工会为保障员工的权利提供了组织保证。2014 年公司新加入工会员工 37 人，2015 年公司新加入工会员工 33 人。公司重视劳动合同的签订，全员签订劳动合同，劳动合同签订率为 100%。

公司 2014 年及 2015 年未发生员工安全事故，伤亡率为 0。

三　诚信生产（服务）经营

天恒建设始终执行国家法律法规和政策方针，遵守市场行为规范，坚持公平竞争，信守合同，维护行业信誉，注重职业道德建设，自觉抵制商业贿略，为业主提供最优质的服务，在行业内拥有良好的口碑，得到了其他同业者的认可。天恒建设始终坚持八大理念：品牌理念，业绩靠成绩积累，品牌靠行动塑造；质量理念，持续提高产品质量和服务质量；环境理念，努力营造绿色施工环境；合作理念，诚信合作是天恒建设健康成长的保障；社会理念，天恒建设是社会生活中的健康一员；发展理念，每天有变化，每月有进步，每年有发展；服务理念，服务是产品，服务是品牌，服务是责任；人才理念，员工是天恒建设的核心资源，公司充分尊重每一位员工，努力为每位员工提供发展机遇，力争使每位员工在公司的团队中充分体现自身价值，为业主创造价值、为项目创造效益。

目前，天恒建设无消费纠纷，法人信誉状况良好，各类合同基本履约。

四　维护国家利益

天恒建设注重维护国家利益，2014 年纳税 7706.56 万元，2015 年纳税 6167.25 万元。环保重点任务基本完成，2014 年人均水消费量为 378.6 吨，2015 年人均水消费量为 241.1 吨；2014 年人均能源消耗量为 3639.9 度，2015 年人均能源消耗量为 12422.1 度。

五　参与社会公益

天恒建设在经营的同时，主动承担社会责任，公司建有多个专业应急抢险组织，在抗洪抢险、扫雪铲冰、应对突发安全事件中发挥了很大作用，参与了抗震救灾捐款活动、义务植树活动、新农村建设工作等各项公益活动。天恒建设积极为社会发展贡献力量，积极参与建设主管部门、行业协会、社会上的各项研究及公益活动，为推动行业发展做出贡献。

（一）积极参与老旧小区改造维修工作

作为一家有着 60 年历史的老施工企业，公司主动承担了多个老旧小区改造维修工作。这些小区多数建设时间均在 20 世纪八九十年代，到现在有着 20 余年的房龄，房屋出现了漏水，管线老化现象。居民居住在其中苦不堪言。其中，2014 年参与了车站中里市政排水维修；2015 年参与了车站中里住户给水管维修、漪景园小区污水井盖维修、永华北里小区污水井维修、车站北里住户给水管维修、兴政西里住户污水管线疏通、林校北里住户给水管维修、兴政西里住户给水管维修、罗奇营小区污水井维修、车站北里居委会路面塌陷维修、建兴家园住户给水管维修、车站中里小区地面塌陷维修、兴政东里住户防水维修、林校北里住户外墙维修、滨河西里北区银行给水管道维修的志愿服务。

（二）参与各类社会公益活动

2014 年参与了北京市大兴区红十字会捐赠活动、北京詹天佑土木工程科学技术发展基金会捐赠活动，2015 年参与了北京文物保护基金会捐赠活动、大兴区红十字会捐赠活动、北京市大兴区武术协会捐赠活动、北京市大兴区安全生产协会捐赠活动、大兴区林校路街道行政东里社区捐赠活动。

（三）参与新农村建设工作

大兴区开展新农村建设以来，公司为本区 135 个自然村新修或改造道路。道路改造工程一方面方便了当地村民的生产生活与出行，另一方面也改变了旧村的村容村貌。

在道路建设施工中，公司始终坚持以规划为指导，充分利用旧路资源，避免对道路大改大调，大填大挖；以建设现有村内道路为主，结合村庄整治，清理乱建乱占、乱堆乱放。同时，因地制宜，避免铺张浪费，避免形象工程的出现。

大兴区 2016 年农村"煤改电"工程主要涉及区南部各镇，工程内容为电杆组立、架空导线敷设、箱变安装、电缆敷设等专业工作。为确保如期供暖，区政府又一次将攻坚任务交给公司施工。公司抽调精干力量组成项目团队。在副总经理和团委书记的带领下，周密部署，以确保完成区政府交予的攻坚任务。

公司长期以来作为大兴区新农村建设工作应急储备队伍，能够在新农村建设工作有需要的时候第一时间冲在第一线，并在大兴区农村工作委员会的正确领导下，保证了近年来区内新农村基础设施建设工作的顺利开展，不断推进新农村环境整治和绿化美化工作，为建设和谐宜居的新农村做出企业应有的贡献。

（四）组织抗震救灾捐款活动

天恒建设全体员工积极参与社会上各类献爱心活动，先后在汶川、玉树、海地等抗震救灾工作中，积极捐款捐物。

（五）参与新区青年林建设工作

公司50余名志愿者参加大兴共青团组织的"新区青年林"植树活动，共同参与植树活动，为首都蓝天行动增添一抹绿色。

（六）体验式安全教育

公司先后投资建立了天恒建设安全体验培训中心，北京城市副中心工程安全体验培训中心，新航城安全体验基地。安全体验培训中心主要用于公司项目管理人员及作业工人的安全教育与安全体验工作。公司会定期组织管理人员及劳务人员进行安全培训体验。通过模拟建筑施工现场可能发生的各种安全事故，让体验者亲身体验不安全操作行为所带来的危害。通过亲身体验，会使体验者加深理解遵守安全规定的重要性及提高在紧急情况下的安全避险技能，达到工作中自身不受伤害，也避免伤害他人的目的。

B.19
中延联科技（北京）有限责任公司
履行企业社会责任报告

摘　要： 本报告从保障员工权益、诚信生产（服务）经营、维护国家
利益、参与社会公益四个方面对中延联科技（北京）有限责
任公司履行企业社会责任进行阐述。在保障员工权益方面，
中延联科技积极为员工足额缴纳社会保险并按时发放工资及
福利。在诚信生产（服务）经营方面，中延联科技积极履行
各类业务合同，法定代表人信用度达100%。在维护国家利
益方面，中延联科技依法照章纳税，积极履行各种环保义务。
在参与社会公益方面，中延联科技积极参与各类社会公益
活动。

关键词： 中延联科技　员工权益　诚信经营　国家利益　社会公益

一　企业概况

公司成立于2012年6月，系原四川大学校办企业川大星通电子公司整
体转制为有限责任公司。公司注册资本1000万元人民币，现有员工21名，
其中中共党员9名，2012年11月成立公司党支部，认真学习贯彻党的十八
大全会精神，响应石景山园党工委传承"红色基因"工程号召，积极参加
社会实践公益活动，被北京市中关村科技园区石景山园党工委连续两年评为
先进基层党组织。公司拥有一批高素质的科研开发人员、网络维护和管理人
才，完全按照现代企业管理模式运行。法人代表陈延同志多次被评为优秀党

员、优秀党务工作者，带出了一支开拓创新、敢于担当的先进基层党组织，现担任北京新四军暨华中抗日根据地研究会七师分会副会长。

二 保障员工权益

两年来，公司共投入科研经费90.69万元［不含中延联科技（成都）研究院科研经费15.71万元］，正式员工社会保险参保率100%，组织员工年体检率100%，员工收入稳步增长，工资支付率100%；95%员工长期劳务外派；企业劳动合同签订率100%；员工法定带薪年休假率100%；劳保用品人均经费从无到有，年增长率10%；无员工安全事故伤亡发生；公司单独列支培训经费，走访革命老区，建立"职工书屋"，每年购书刊500册，公司行政董事带领人事部门走访公司居住在四川成都的员工，每年为困难职工补助人均5000元；保障员工权益的满意度为100%。

三 诚信生产（服务）经营

公司紧紧围绕科研经营的重点和中心工作任务，倡导大胆创新精神，通过多种方式，努力营造崇尚创新、鼓励创新风尚。企业形成了自己的核心技术储备，在宽带网络方面，研制开发出具有自主知识产权的新产品。培育企业团结协作精神，把"延联智慧、自强团结、演绎精彩"的企业文化融入日常治理教育之中，通过建立"党建园地""学习园地"，要求每位员工争当团结协作模范，鼓励员工围绕企业的科研经营管理献计献策，无私奉献，履行社会责任。公司信用度高，各类业务合同履约率100%，法定代表人信用度100%。

四 维护国家利益

公司一半员工为军队转业技术干部（其中包括当年击落美军U2侦察机

的北京地空导弹部队英雄二营工程师、现任公司首席科学家梁光海教授）组成，他们始终牢记我军的优良传统和行动准则，在公司尚在投入研发没有利润的条件下，积极主动交纳各种税费，年纳税率100%，捐资助学，补贴困难员工家庭；内部大力倡导低碳生活，环保出行，人均水消费、能源消耗降到最低，积极接纳安置转业退伍军人。

五　参与社会公益

公司成立之初，就加入北京新四军研究会成为团体会员单位，企业志愿组织年人均志愿服务时间60小时，参与各类社会公益活动的人次统计为21人8次，社区对公司参与其建设的满意度高，在中关村石景山园党工委正确领导下、在北京新四军研究会主要领导亲切关怀指导下，坚持开展传承弘扬中国人民解放军"铁军精神"爱国主义国防教育系列公益活动，2014年清明节前往北京市爱国主义教育基地怀柔区九公山新四军铁军纪念园参加公祭暨植树活动，参观新四军纪念馆；9月10日在国防大学第二礼堂承办北京新四军研究会庆祝新中国成立65周年"红旗颂"文艺会演。

2015年纪念中国人民抗日战争暨世界反法西斯战争胜利70周年之际，承办新四军研究会"铁军魂·中华情"图片摄影展，在北京中国国家图书馆开幕后，10月16日公司承办由中共北京市党史研究室、北京新四军暨华中抗日根据地研究会、中关村科技园区石景山科技园党工委主办的"铁军魂·中华情"图片摄影展，取得了很好的社会影响。随后相继在广西博物馆进行巡展；12月12日在钓鱼台国宾馆联合相关单位主办"铁军魂·中华情"图片摄影全国巡展暨向抗战老兵献爱心送温暖活动，期间，向100位抗战老兵赠送价值100万余元能量玉石保健床。

2016年4月在中国科学院大学玉泉路校区承办北京新四军研究会老战士合唱团和中科院大学博士合唱团联合音乐演出《铁军魂》；6月参与广东东莞市图书馆"铁军魂·中华情"图片摄影展；7月赴西部四川南充市仪陇县朱德元帅纪念馆和故居、张思德烈士纪念馆、张澜副主席纪念馆、罗瑞卿大将纪念馆、资阳市乐至县陈毅元帅纪念馆和故居参观学习，敬献花篮，开展以革命传统和爱国主义教育为主题的"寻、学"党日活动；9月在重庆市图书馆开展"铁军魂·中华情"图片摄影巡展。2016年是纪念中国工农红军长征胜利80周年，八路军、新四军成立79周年，红军长征精神、八路军太行精神、新四军铁军精神一脉相承，各具特色，为人民军队发展壮大铸就了强大的精神力量，是中国共产党人用自己的信仰和行动培育，红军用忠诚和热血锻造、丰富和发展形成的宝贵精神财富。为缅怀红军的卓越功勋、继承和发扬我党我军光荣传统，以习近平总书记系列重要讲话精神为指导，加强革命传统教育，以史资政，以史育人，激励我们牢记历史，传承和弘扬铁军精神。公司积极参与这些爱国主义国防教育活动，让员工不仅学习了老红军、八路军、新四军老战士们认真执着、精益求精、永不言弃的铁军精神，还把这种精神作为公司常态化的工作行为准则，为下一步公司与地方政府合作共建中延联科技文化智慧谷、走军民融合试点打造爱国主义国防教育基地之路打下了坚实的基础。

附　录

Appendices

B.20
北京市企业社会责任
评估指标体系

一　内涵意义

企业社会责任是指企业在创造利润、对股东承担法律责任的同时，对员工、客户、社会、国家和生态环境应尽或自觉担当的责任。开展北京市企业社会责任评估，既是全面深化改革、推进社会治理体系和治理能力现代化的一项重要任务，也是引导企业负责任地做产品、做服务和负责任地回报社会、关爱员工，增强企业竞争软实力，营造文明诚信社会环境的重要举措。

二　评估取向

企业社会责任评估主要有三个方向：一是评估企业社会责任报告；二是

评估企业社会责任管理；三是评估企业社会责任建设的绩效。根据北京市企业社会责任评估的需求，选择企业社会责任建设的绩效评估作为主要取向。

三　评估原则

一是先进性原则；二是绩效性原则；三是可操作性原则，即"评估指标"的数据可采集、可采信，并可长期跟踪研究。

四　结构板块

根据企业社会责任的界定以及评估取向需求，本评估标准结构由三大板块构成：一是企业社会责任负面清单（一票否决）；二是企业社会责任评估指标体系；三是企业社会责任特色指标。

（1）负面清单。在北京市企业履行社会责任评估中，参评企业如符合下列清单中任意一条，即取消参评资格：①发生重大安全生产事故；②发生重大产品质量事故并产生较大社会影响；③发生重大侵犯员工权益行为；④近三年发生重大环保违规行为；⑤发生重大涉税行为或企业纳税信用等级为D级；⑥大量泄露客户信息并产生不良社会影响；⑦企业法定代表人、投资人出现重大信用不良记录；⑧发生欺诈、哄抬价格等重大扰乱市场秩序的行为；⑨发生其他重大违法、违规行为。

（2）指标体系。本评估指标体系以"关系"为轴心，由四个评估维度、28个评估指标构成见附表1。一是企业与员工的关系，通过"保障员工权益"来评估，包括12个二级指标，其中11个是客观指标、1个是主观指标。二是企业与客户的关系，通过"诚信生产（服务）经营"来评估，包括5个二级指标，其中3个是客观指标、2个是绩效考核指标。三是企业与国家的关系，通过"维护国家利益"来评估，包括7个二级指标，其中6个是客观指标、1个是绩效考评指标。四是企业与社会的关系，通过"参与社会公益"来评估，包括4个二级指标，其中3个客观指标、1个主观指标。

附表1　北京市企业社会责任评估指标体系

评估维度	序号	评估指标	填报(或相关部门提供)数据
保障员工权益	1	各类社会保险参保率	前两年"五险"缴付金额
	2	工资支付率	前两年已付工资总额、应付工资总额
	3	员工收入增长率	前两年员工平均工资、岗位津贴等
	4	劳务派遣员工占员工总数的比例	前两年劳动派遣员工数和职工数
	5	员工人均年教育、培训经费	前两年职工教育总经费
	6	企业组织员工年体检率	前两年员工体检统计表
	7	员工享受法定带薪年休假率	前两年应享受带薪休假和实际享受人数
	8	加入工会员工比例	前两年参与工会员工数
	9	企业劳动合同签订率	前两年企业劳动合同签订率
	10	劳保用品人均经费年增长率	前两年劳动保护用品人均经费数
	11	员工安全事故伤亡率	前两年员工伤亡总人数和职工数
	12	保障员工权益的满意度	向申报企业发放问卷采集数据
诚信生产(服务)经营	13	企业和解消费纠纷率	前两年数据、相关部门核实
	14	法定代表人信用情况	前两年情况、相关部门核实
	15	信用评价等级	前两年情况、相关部门核实
	16	各类业务合同履约率	前两年数据、相关部门核实
	17	已缴纳税款数	前两年数据、相关部门核实
维护国家利益	18	就业贡献率	前两年数据、相关部门核实
	19	年纳税增长率	前两年数据、相关部门核实
	20	残疾员工占员工总数的比例	前两年数据、相关部门核实
	21	环保重点任务完成情况	前两年情况、相关部门核实
	22	人均水消费量	前两年水消费量和年平均人口数
	23	人均能源消耗量	前两年能源消耗量和年平均人口数
	24	慈善捐助占企业利润的比例	前两年企业慈善捐助额与企业的利润
参与社会公益	25	注册志愿者占员工比例	前两年注册志愿者人数和名单统计表
	26	企业志愿组织年人均志愿服务时间	前两年企业志愿组织开展服务活动统计
	27	企业参与各类社会公益活动的人次	近两年参与社会公益活动的统计
	28	社区对企业参与其建设的满意度	向所在社区发放问卷采集数据

（3）特色指标。企业履行社会责任方面一些"自选动作"及所获得荣誉等，在评估中视情适当加分。①率先开展企业社会责任建设，并定期向社会发布社会责任报告；②企业社会责任评估为 AAAA 级以上的企业；③近两年获市级及以上集体荣誉奖项数；④近两年中央和本市主要媒体对本企业

的公开报道（次）；⑤近两年本企业员工获全国和本市"道德模范""劳动模范""五一劳动奖章""五四青年奖章""三八红旗手""优秀共产党员""优秀党务工作者"人次，以及上"中国好人榜""北京榜样"人次；⑥开展党建工作并获得市级以上荣誉的。

五　参评要求

根据自愿申报、分类分级、科学评估、公开发布的原则，北京市范围内的企业，可自愿申报参加企业社会责任评估。①参评企业不得有"负面清单"中的任一条款；②根据评估指标要求，网上填写企业相关信息、相关数据；③根据企业社会责任报告编制要求，编制本企业社会责任报告。

六　评估等级

附表 2　北京市企业社会责任评估等级划分

等级	释　义	评估得分
AAAAA	企业社会责任意识很强,严格遵守相关法律法规,自觉履行企业社会责任,各领域公共信用记录很好	85～100 分
AAAA	企业社会责任意识强,严格遵守相关法律法规,自觉履行企业社会责任,各领域公共信用记录好	75～84 分
AAA	企业社会责任意识较强,遵守相关法律法规,自觉履行企业社会责任,各领域公共信用记录较好	65～74 分
AA	企业社会责任意识一般,遵守相关法律法规,基本履行企业社会责任,各领域公共信用记录一般	55～64 分
A	企业社会责任意识较差,能够遵守相关法律法规,企业社会责任履行情况一般,在个别领域有轻微不良信用记录	55 分(不含)以下

七 报告编制

北京市企业社会责任报告由六个方面构成：①本企业主要领导就社会责任报告的真实性进行公开说明；②本企业的员工数以及年度单位经营总收入、人均水平、资产负债率等情况；③按照"保障员工权益"、"诚信生产（服务）经营"、"维护国家利益"和"参与社会公益"四个维度，做出相关报告并填报相关数据；④说明报告的时效、覆盖范围（本企业及利益相关方）以及报告审核情况；⑤报告的预期与展望（经济、社会、环境预期绩效）；⑥社会荣誉与媒体报道。每个企业社会责任报告控制在 5000 字左右。

B.21
北京市企业社会责任
报告评估标准

一 实质性

（一）定义

实质性是指报告披露企业可持续发展的关键性议题及其识别过程，以及企业运营对利益相关方的重大影响。

企业社会责任议题的重要性和关键性受到企业经营特征的影响，具体来说，企业社会责任报告披露内容的实质性由企业所属行业、经营环境和企业的关键利益相关方等决定。企业需对关键性议题进行识别，并做重点披露。

（二）评估方式

考查企业是否对社会责任关键性议题进行识别、其社会责任报告是否涵盖了行业特征议题、时代议题等关键的社会责任议题，是否涵盖了受其重大影响的关键利益相关方。

（三）评估标准

附表1　北京市企业社会责任报告实质性评估标准

分值	评分标准
80~100分	企业披露实质性议题识别流程;报告充分披露企业与员工关系、企业与客户关系、企业与国家关系和企业与社会关系等四大责任领域的所有关键议题,且充分披露当年的核心议题,表现优秀;企业对识别的核心议题制订出针对性改进计划

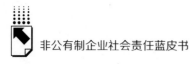

续表

分值	评分标准
60~80分	企业披露实质性议题识别流程，且报告披露企业与员工关系、企业与客户关系、企业与国家关系和企业与社会关系四大责任领域的大部分关键议题和当年的核心议题，具有较好的实质性
40~60分	企业未披露关键性议题识别流程，但报告披露企业与员工关系、企业与客户关系、企业与国家关系和企业与社会关系四大责任领域大部分关键议题
10~40分	企业未披露关键性议题识别流程，其报告仅披露企业与员工关系、企业与客户关系、企业与国家关系和企业与社会关系四大责任领域中某一领域的部分关键议题，且披露很不充分
0分	企业未披露关键性议题识别流程，其报告也几乎未披露任何关键议题

二　完整性

（一）定义

完整性是指社会责任报告所涉及的内容较全面地反映企业对经济、社会和环境的重大影响，利益相关方可以根据社会责任报告知晓企业在报告期间履行社会责任的理念、制度、措施以及绩效。

完整性从两个方面对企业社会责任报告的内容进行考察：一是责任领域的完整性，即是否涵盖了经济责任、社会责任和环境责任；二是披露方式的完整性，即是否包含了履行社会责任的理念、制度、措施及绩效。

（二）评估方式

评估企业社会责任报告披露指标覆盖"北京市企业社会责任评估指标体系"中核心指标的比例。

（三）评估标准

附表2　北京市企业社会责任报告完整性评估标准

分值	评分标准
80～100分	报告披露核心指标的80%以上,且企业与员工关系、企业与客户关系、企业与国家关系和企业与社会关系四部分的指标披露较均衡
60～80分	报告披露核心指标的60%以上,且企业与员工关系、企业与客户关系、企业与国家关系和企业与社会关系四部分的指标披露均有涉及
40～60分	报告披露核心指标的40%以上,但企业与员工关系、企业与客户关系、企业与国家关系和企业与社会关系四部分的指标披露有偏废
10～40分	报告披露较少的指标,且企业与员工关系、企业与客户关系、企业与国家关系和企业与社会关系四部分的指标披露有大量缺失
0分	报告仅披露企业与员工关系、企业与客户关系、企业与国家关系和企业与社会关系四大板块中的某一板块的少量指标

三　可比性

（一）定义

可比性是指报告对信息的披露应有助于利益相关方对企业的关键定量责任绩效进行分析和比较。

可比性体现在两个方面：纵向可比与横向可比，即企业在披露相关责任议题的绩效水平时既要披露企业历史绩效，又要披露同行绩效。

（二）评估方式

考查企业是否披露了连续数年的历史数据和行业数据。

（三）评估标准

附表3　北京市企业社会责任报告可比性评估标准

分值	评分标准
80~100分	报告披露大部分关键绩效指标的历史数据，且披露了部分行业数据
60~80分	报告仅披露大部分关键绩效指标的历史数据，未披露行业数据；或报告披露部分关键绩效指标的历史数据，以及少量的行业数据
40~60分	报告仅披露部分关键绩效指标的历史数据，未披露行业数据
10~40分	报告仅披露少量关键绩效指标的历史数据，未披露行业数据
0分	报告几乎没有披露历史数据以及行业数据

四　可读性

（一）定义

可读性是指报告的信息披露方式易于读者获取、理解和接受。

企业社会责任报告的可读性可体现在以下方面：

（1）结构清晰，条理清楚，篇幅适中，板块平衡；

（2）语言流畅、简洁、准确、通俗易懂；

（3）通过流程图、数据表、图片等使表达形式更加直观；

（4）对术语、缩略词等专业词汇做出解释；

（5）方便阅读的排版设计，图片清晰，且有文字说明；

（6）案例脉络清晰，叙事完整，切合主体，表述感人；

（7）通过第三方讲述或评估使报告表述形式更加丰富，内容更加可信。

（二）评估方式

从报告获取方式、篇章结构、排版设计、语言、图表等各个方面对报告的通俗易懂性进行评估。

（三）评估标准

以上四个标准（实质性、完整性、可比性、可读性）每项最后折成 40 分、40 分、10 分、10 分。

附表 4　北京市企业社会责任报告可读性评估标准

分值	结构特点	评分标准
80～100 分	结构清晰，且体现了企业履责特点	报告可通过多种渠道、不同媒介获取，其语言简洁、流畅，表达方式丰富多彩，流程图、数据表、图片等的合理使用使报告直观易理解，并进行精美的排版设计
60～80 分	结构清晰，但未突出企业履责特点	报告可通过较多渠道获取，其语言简洁、流畅，采用了流程图、数据表、图片等多种表达方式，进行合理的排版设计
40～60 分	结构基本清晰	报告可通过一定的渠道获取，其语言基本简洁、流畅，使用了流程图、数据表、图片等表达形式，设计排版欠美观
10～40 分	结构欠清晰	报告获取渠道较单一，其语言欠简洁、流畅，很少使用数据图、数据表、图片，无排版设计
0 分	结构混乱	没有披露报告获取方式，其语言较为晦涩，没有使用任何流程图、数据图、图片等表达形式，不易理解

五　加分项

（1）获得国家级荣誉称号或奖励的企业，每项加 5 分；

（2）获得部委授予荣誉称号或奖励的企业，每项加 3 分；

（3）获得北京市级荣誉称号或奖励的企业，每项加 2 分；

（4）获得区级荣誉称号或奖励的企业，每项加 1 分。

以上获奖均为近两年内（含 2014 年），2014 年之前获奖不列入加分范围。

B.22
北京非公有制企业履行社会
责任百家上榜单位

经过企业自愿报名、各区社会建设工作领导小组办公室及市级相关行业协会初评推荐和专家评审，确定九一金融信息服务（北京）有限公司、北京九州电梯安装工程有限公司等100家企业为"2016年度北京非公有制企业履行社会责任百家上榜单位"，如附表所示，排名不分先后。

附表　2016年度北京非公有制企业履行社会责任百家上榜单位名单

序号	企业名单
1	九一金融信息服务(北京)有限公司
2	北京九州电梯安装工程有限公司
3	万都(北京)汽车底盘系统有限公司
4	北京市千叶珠宝股份有限公司
5	中延联科技(北京)有限责任公司
6	北京中建华宇机电工程有限公司
7	中腾时代集团有限公司
8	北京古宝斋文物有限公司
9	北京八达岭金宸建筑有限公司
10	北京三和药业有限公司
11	北京马应龙长青肛肠医院
12	北京天恒建设工程有限公司
13	北京中公教育科技股份有限公司
14	北京中加实业集团有限公司
15	北京叶氏企业集团有限公司
16	北京市群英印刷有限公司
17	北京兰格电子商务有限公司
18	北京亚东生物制药有限公司
19	北京西红轩食品有限责任公司

序号	企业名单
20	北京百迈客生物科技有限公司
21	北京百味绿春食品有限责任公司
22	北京华江文化发展有限公司
23	北京华威家具制造有限公司
24	北京华源亿泊停车管理有限公司
25	北京合众铭科技有限公司
26	北京兴科迪科技有限公司
27	北京好景象科技发展有限公司
28	北京每刻家美家政有限责任公司
29	北京远航兄弟文化传媒有限公司
30	北京宏源南门涮肉城有限责任公司
31	北京纵横大通网络技术有限公司
32	北京昌达物流集团有限公司
33	北京明邦环保科技有限公司
34	北京佳讯飞鸿电气股份有限公司
35	北京佳诚物业管理有限公司
36	北京金路易速冻食品有限公司
37	北京金寰亚管理咨询有限公司
38	北京京园诚得信工程管理有限公司
39	北京宝丰钢结构工程有限公司
40	北京市宝城客运有限责任公司
41	北京信得威特科技有限公司
42	北京洪福环宇餐饮有限公司
43	北京市泰华房地产开发集团有限公司
44	北京航云机械制造有限公司
45	北京航科威视光电信息技术有限公司
46	北京爱义行汽车服务有限责任公司
47	北京益农缘生态农业专业合作社
48	北京悦康凯悦制药有限公司
49	北京通成网联科技发展有限公司
50	北京盛仁堂医药有限公司
51	北京银达物业管理有限责任公司
52	北京康贝尔食品有限责任公司
53	北京章光 101 科技股份有限公司

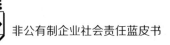

序号	企业名单
54	北京隆盛保洁服务有限公司
55	北京绿伞化学股份有限公司
56	北京超同步伺服股份有限公司
57	北京博龙阳光新能源高科技开发有限公司
58	北京联合智业控股集团
59	北京韩建集团有限公司
60	北京朝音信德集团
61	北京集佳知识产权代理有限公司
62	北京路浩知识产权代理有限公司
63	北京福润汽车修理有限公司
64	北京嘉和一品企业管理有限公司
65	北京趣拿软件科技有限公司(去哪儿网)
66	北京德士比形象策划有限责任公司
67	北京德尔康尼骨科医院有限公司
68	北京德驿通程汽车销售服务有限公司
69	北京澳特舒尔保健品开发有限公司
70	北京澄通光电股份有限公司
71	北京鹰冠精工家具有限责任公司
72	北京四海种植专业合作社
73	包商银行股份有限公司北京分行
74	汇龙森国际企业孵化(北京)有限公司
75	光合(北京)文化创意股份有限公司
76	网易传媒科技(北京)有限公司
77	先智创科(北京)科技有限公司
78	合一信息技术(北京)有限公司
79	北京红星美凯龙世博家具广场有限公司
80	泛华建设集团有限公司
81	北京环球新意百货有限公司
82	松下电器(中国)有限公司
83	尚巴新升(北京)文化有限公司
84	金果园老农(北京)食品股份有限公司
85	金诚信矿业管理股份有限公司
86	北京金港建设股份有限公司
87	北京市建雄建筑集团有限公司

续表

序号	企业名单
88	洛娃科技实业集团有限公司
89	恺王科技(北京)有限公司
90	北京泰宁科创雨水利用技术股份有限公司
91	北京银桥动力科技(集团)有限公司
92	北京康比特体育科技股份有限公司
93	北京清心居农庄有限公司
94	北京绿菜园蔬菜专业合作社
95	北京搜狗科技发展有限公司
96	锐仕方达(北京)人力资源顾问有限公司
97	北京蓝色光标品牌管理顾问股份有限公司
98	北京新福润达绝缘材料有限责任公司
99	北京嘉寓门窗幕墙股份有限公司
100	暴风集团股份有限公司

B.23
北京非公有制企业履行社会
责任百家上榜入围单位

经过企业自愿报名、各区社会建设工作领导小组办公室及市级相关行业协会初评推荐和专家评审，确定万仕道（北京）管理咨询有限公司、中金国华（北京）投资基金管理有限公司等50家企业为"2016年度北京非公有制企业履行社会责任百家上榜入围单位"，如附表所示，排名不分先后。

附表 2016年度北京非公有制企业履行社会责任百家上榜入围单位名单

序号	企业名单
1	万仕道(北京)管理咨询有限公司
2	中金国华(北京)投资基金管理有限公司
3	中恒建设集团有限公司北京分公司
4	东方安卓(北京)征信有限公司
5	北京二商中鹤农业发展有限公司
6	北京大众在线网络技术有限公司
7	北京万丰志欣大连海鲜农家菜餐饮有限公司
8	北京戈程知识产权代理有限公司
9	北京中建华通建设集团有限公司
10	北京中科汇融文化传播有限公司
11	北京中瑞诚会计师事务所有限公司
12	北京方佳物业管理有限公司
13	北京双圆工程咨询监理有限公司
14	北京双海国际旅游有限公司
15	北京世纪好未来教育科技有限公司
16	北京东方汇佳人力资源咨询有限责任公司
17	北京东方华智石油工程有限公司
18	北京东方慧博人力资源顾问股份有限公司
19	北京东豪建设集团有限公司

续表

序号	企业名单
20	北京北方人瑞教育咨询有限公司
21	北京北方阳光国际货运代理有限公司
22	北京北奥会展有限责任公司
23	北京央务恒远保安服务有限公司
24	北京市双翌建筑装饰工程有限公司
25	北京永创通达机械设备有限公司
26	北京华宇保洁有限公司
27	北京华厦恒建设集团有限公司
28	北京华嘉教育发展有限公司
29	北京幸福泉教育科技发展有限责任公司
30	北京国经兆维管理咨询中心
31	北京凯瑞御仙都餐饮管理有限公司
32	北京佰仁医疗科技有限公司
33	北京法政实业集团有限公司
34	北京胜利穆斯林文化园有限公司
35	北京美视亮验光配镜中心
36	北京泰利新能源科技发展有限公司
37	北京爱百年文化艺术中心
38	北京高文律师事务所
39	北京康诚世纪投资有限公司
40	北京博源包装制品有限公司
41	北京联东投资(集团)有限公司
42	北京联洋人才科技股份有限公司
43	北京键兴泰家具有限公司
44	北京嘉林药业股份有限公司
45	北京豪艺博雅企业经营策划有限公司
46	北京精锐培优教育咨询有限公司
47	北京慧远电线电缆有限公司
48	北京震宇成套电气设备集团
49	北京禧韵健康管理有限公司
50	泽羚投资咨询(北京)有限公司

B.24
北京非公有制企业履行
社会责任倡议书

自觉履行企业社会责任，是一个有良知、有担当、有远见、有作为的企业家义不容辞的职责和义务。在"大众创业、万众创新"的互联互通时代，各类企业都应秉承"企业公民"理念，在追求自身发展的同时，自觉把社会责任和商业道德植入核心价值观之中，以回报股东、回报员工、回报社会为己任，依法经营，诚实守信，维护国家利益，参与公益环保，在追求企业经济效益和股东利益最大化的同时，用实际行动对广大利益相关者、国家、社会、环境履行应尽责任、做出积极贡献。

为了更好地响应党中央国务院、北京市委市政府号召，积极推动北京经济社会的健康可持续发展，"2016年度北京非公有制企业履行社会责任百家上榜单位"向全市非公有制企业公开作以下倡议。

第一，始终自觉以高度的历史责任感、强烈的忧患意识和宽广的全球视野深刻认识企业社会责任，坚持经济效益与社会效益并重，坚持发展壮大企业与履行社会责任相结合，建立健全科学规范的社会责任管理体系和工作机制，进一步明确企业社会责任目标任务，积极向媒体和公众披露重要的企业社会责任信息。

第二，始终自觉坚持以社会主义核心价值观统领企业的各项工作，积极推进企业核心价值体系建设，努力打造企业社会责任文化。采取多种方式方法开展企业精神、企业价值观、企业道德、企业形象和自觉承担社会责任的宣传教育，将企业科学发展、绿色发展、和谐发展、回报大众、贡献社会的责任理念融入企业发展战略之中，渗透到每个工作细节，植根于每位员工心中，在企业内部形成积极履行社会责任的共识与氛围。

第三，始终自觉坚持以人为本，关爱员工，关心员工成长，依法保障员工合法权益，加强员工培训，积极为员工全面发展创造条件，创建和谐、平等、稳定、发展的劳动关系，增强企业的凝聚力和吸引力。

第四，始终自觉做到遵规守法、诚信经营、照章纳税、支持就业、安全生产、自主创新，严格加强质量管理，不断提高服务水平，推动企业健康可持续发展，实现做大做强，为社会和广大人民群众提供更多、更好、更优质、更安全的产品和服务，为北京市经济社会健康发展做出积极贡献。

第五，始终自觉承担节约资源、保护环境、参与公益慈善、开展志愿服务的社会责任，努力在社会上树立良好的企业与企业家形象，赢得社会公众的普遍认同与赞赏，让股东受益、客户满意、党和政府放心。

这是北京市非公有制企业的第一份自发联合、自觉遵守、自愿接受政府和社会公众监督的企业社会责任公开宣言。希望借此吁请全市更多的非公有制企业自觉地参与到履行社会责任的队伍中来，为建设国际一流的和谐宜居之都贡献更大力量。

2016 年度北京非公有制企业履行社会责任百家上榜单位

❖ 皮书起源 ❖

"皮书"起源于十七、十八世纪的英国，主要指官方或社会组织正式发表的重要文件或报告，多以"白皮书"命名。在中国，"皮书"这一概念被社会广泛接受，并被成功运作、发展成为一种全新的出版形态，则源于中国社会科学院社会科学文献出版社。

❖ 皮书定义 ❖

皮书是对中国与世界发展状况和热点问题进行年度监测，以专业的角度、专家的视野和实证研究方法，针对某一领域或区域现状与发展态势展开分析和预测，具备原创性、实证性、专业性、连续性、前沿性、时效性等特点的公开出版物，由一系列权威研究报告组成。

❖ 皮书作者 ❖

皮书系列的作者以中国社会科学院、著名高校、地方社会科学院的研究人员为主，多为国内一流研究机构的权威专家学者，他们的看法和观点代表了学界对中国与世界的现实和未来最高水平的解读与分析。

❖ 皮书荣誉 ❖

皮书系列已成为社会科学文献出版社的著名图书品牌和中国社会科学院的知名学术品牌。2016年，皮书系列正式列入"十三五"国家重点出版规划项目；2012~2016年，重点皮书列入中国社会科学院承担的国家哲学社会科学创新工程项目；2017年，55种院外皮书使用"中国社会科学院创新工程学术出版项目"标识。

中国皮书网

发布皮书研创资讯，传播皮书精彩内容
引领皮书出版潮流，打造皮书服务平台

栏目设置

关于皮书：何谓皮书、皮书分类、皮书大事记、皮书荣誉、
皮书出版第一人、皮书编辑部

最新资讯：通知公告、新闻动态、媒体聚焦、网站专题、视频直播、下载专区

皮书研创：皮书规范、皮书选题、皮书出版、皮书研究、研创团队

皮书评奖评价：指标体系、皮书评价、皮书评奖

互动专区：皮书说、皮书智库、皮书微博、数据库微博

所获荣誉

2008 年、2011 年，中国皮书网均在全
国新闻出版业网站荣誉评选中获得"最具商
业价值网站"称号；

2012 年，获得"出版业网站百强"称号。

网库合一

2014 年，中国皮书网与皮书数据库端
口合一，实现资源共享。更多详情请登录
www.pishu.cn。

权威报告·热点资讯·特色资源

皮书数据库
ANNUAL REPORT(YEARBOOK)
DATABASE

当代中国与世界发展高端智库平台

所获荣誉

- 2016年，入选"国家'十三五'电子出版物出版规划骨干工程"
- 2015年，荣获"搜索中国正能量 点赞2015""创新中国科技创新奖"
- 2013年，荣获"中国出版政府奖·网络出版物奖"提名奖
- 连续多年荣获中国数字出版博览会"数字出版·优秀品牌"奖

成为会员

　　通过网址www.pishu.com.cn或使用手机扫描二维码进入皮书数据库网站，进行手机号码验证或邮箱验证即可成为皮书数据库会员（建议通过手机号码快速验证注册）。

会员福利

- 使用手机号码首次注册会员可直接获得100元体验金，不需充值即可购买和查看数据库内容（仅限使用手机号码快速注册）。
- 已注册用户购书后可免费获赠100元皮书数据库充值卡。刮开充值卡涂层获取充值密码，登录并进入"会员中心"—"在线充值"—"充值卡充值"，充值成功后即可购买和查看数据库内容。

社会科学文献出版社 皮书系列
SOCIAL SCIENCES ACADEMIC PRESS (CHINA)
卡号: 153384898798
密码:

数据库服务热线：400-008-6695
数据库服务QQ：2475522410
数据库服务邮箱：database@ssap.cn
图书销售热线：010-59367070/7028
图书服务QQ：1265056568
图书服务邮箱：duzhe@ssap.cn

S子库介绍
ub-Database Introduction

中国经济发展数据库

　　涵盖宏观经济、农业经济、工业经济、产业经济、财政金融、交通旅游、商业贸易、劳动经济、企业经济、房地产经济、城市经济、区域经济等领域，为用户实时了解经济运行态势、把握经济发展规律、洞察经济形势、做出经济决策提供参考和依据。

中国社会发展数据库

　　全面整合国内外有关中国社会发展的统计数据、深度分析报告、专家解读和热点资讯构建而成的专业学术数据库。涉及宗教、社会、人口、政治、外交、法律、文化、教育、体育、文学艺术、医药卫生、资源环境等多个领域。

中国行业发展数据库

　　以中国国民经济行业分类为依据，跟踪分析国民经济各行业市场运行状况和政策导向，提供行业发展最前沿的资讯，为用户投资、从业及各种经济决策提供理论基础和实践指导。内容涵盖农业，能源与矿产业，交通运输业，制造业，金融业，房地产业，租赁和商务服务业，科学研究，环境和公共设施管理，居民服务业，教育，卫生和社会保障，文化、体育和娱乐业等100余个行业。

中国区域发展数据库

　　对特定区域内的经济、社会、文化、法治、资源环境等领域的现状与发展情况进行分析和预测。涵盖中部、西部、东北、西北等地区，长三角、珠三角、黄三角、京津冀、环渤海、合肥经济圈、长株潭城市群、关中—天水经济区、海峡经济区等区域经济体和城市圈，北京、上海、浙江、河南、陕西等34个省份及中国台湾地区。

中国文化传媒数据库

　　包括文化事业、文化产业、宗教、群众文化、图书馆事业、博物馆事业、档案事业、语言文字、文学、历史地理、新闻传播、广播电视、出版事业、艺术、电影、娱乐等多个子库。

世界经济与国际关系数据库

　　以皮书系列中涉及世界经济与国际关系的研究成果为基础，全面整合国内外有关世界经济与国际关系的统计数据、深度分析报告、专家解读和热点资讯构建而成的专业学术数据库。包括世界经济、国际政治、世界文化与科技、全球性问题、国际组织与国际法、区域研究等多个子库。

法 律 声 明

　　"皮书系列"（含蓝皮书、绿皮书、黄皮书）之品牌由社会科学文献出版社最早使用并持续至今，现已被中国图书市场所熟知。"皮书系列"的 LOGO（▨）与"经济蓝皮书""社会蓝皮书"均已在中华人民共和国国家工商行政管理总局商标局登记注册。"皮书系列"图书的注册商标专用权及封面设计、版式设计的著作权均为社会科学文献出版社所有。未经社会科学文献出版社书面授权许可，任何使用与"皮书系列"图书注册商标、封面设计、版式设计相同或者近似的文字、图形或其组合的行为均系侵权行为。

　　经作者授权，本书的专有出版权及信息网络传播权为社会科学文献出版社享有。未经社会科学文献出版社书面授权许可，任何就本书内容的复制、发行或以数字形式进行网络传播的行为均系侵权行为。

　　社会科学文献出版社将通过法律途径追究上述侵权行为的法律责任，维护自身合法权益。

　　欢迎社会各界人士对侵犯社会科学文献出版社上述权利的侵权行为进行举报。电话：010－59367121，电子邮箱：fawubu@ssap.cn。

社会科学文献出版社